LA GUERRE DE TROIE N'AURA PAS LIEU

Jean Giraudoux est né à Bellac en 1882. Reçu en 1902 au concours de l'École Normale Supérieure, il passe en 1910 le concours des « chancelleries ». Blessé deux fois pendant la guerre, il devient en 1920 chef du « service des œuvres françaises à l'étranger », puis chef des services de presse du Quai d'Orsay.

Dès 1909, Giraudoux avait publié sa première œuvre : *Provinciales*, et conjointement à sa carrière diplomatique, il se consacre à la création littéraire : romans d'abord, pièces de théâtre ensuite. *La guerre de Troie n'aura pas lieu* fut créée en 1935. Giraudoux est mort à Paris en 1944.

JEAN GIRAUDOUX

La guerre de Troie n'aura pas lieu

Pièce en deux actes
1935

PRÉFACE, COMMENTAIRES ET NOTES DE
COLETTE WEIL

GRASSET

Le lecteur désireux de mieux connaître Jean Giraudoux peut adhérer à la Société des Amis de Jean Giraudoux, 1 *bis*, rue Louis-Jouvet, 87300 Bellac.

Agrégée de lettres classiques, Colette Weil enseigne à l'Université des Sciences humaines de Strasbourg. Dans le cadre du théâtre universitaire A.R.T.U.S. dont elle est présidente fondatrice, elle a mis en scène de nombreuses pièces de Jean (et une de Jean-Pierre) Giraudoux.

PRÉFACE

La guerre de Troie n'aura pas lieu, créée en novembre 1935, est la pièce de Jean Giraudoux la plus connue, la plus étudiée, la plus jouée [1], mais non celle que préférait son auteur [2].

Giraudoux ignorait sans doute l'existence d'un traité de Dion Chrysostome intitulé *La prise de Troie n'a pas eu lieu* [3]. Peut-être avait-il lu dans *Le Figaro* du 21 avril la phrase, plus inquiétante que rassurante, de Mussolini : « Il n'y aura pas de guerre cette année [4]. » En tout cas, dès la mise en chantier — ou en idée — de sa sixième pièce, l'auteur de *Siegfried* en avait trouvé le titre, paradoxal et ironique, *La guerre de Troie n'aura pas lieu* [5].

---

1. Avec *La Folle de Chaillot*.
2. Selon le témoignage de son fils Jean-Pierre. Voir Jean Giraudoux : *Théâtre complet*, Bibliothèque de la Pléiade, 1982, p. XI ; Jean-Pierre Giraudoux, *Le Fils*, éd. Grasset, 1967 ; Le Livre de Poche, 1984, p. 67 ; voir aussi l'interview de Jean-Pierre Giraudoux par Guy Teissier dans *Giraudoux, « La guerre de Troie n'aura pas lieu »*, L'Histoire, ouvrage collectif, coll. Ellipses, 1989, pp. 12 à 15.
3. Dion Chrysostome, rhéteur et philosophe grec (30-117). Le titre figure sous cette forme dans le *Dictionnaire des personnages* de Laffont-Bompiani, S.E.D.E. 1960, p. 302, sous la rubrique HÉLÈNE.
4. Selon Gunnar Graumann, ce sont plusieurs phrases du *Figaro* du 15 avril 1935 qui auraient donné à Jean Giraudoux « l'illumination créatrice » pour sa pièce. (*La guerre de Troie aura lieu*, C.W.K., Gleerup, Lund, 1979, pp. 138-140.)
5. Témoignage de Louis Jouvet. Conversations avec Jean Giraudoux rapportées par Didier Daix dans *Les Nouvelles du matin* du 18 décembre 1945.

La formule a finalement eu un succès tel que tous les mois environ on la trouve démarquée dans un autre journal : « La guerre des Cyrano n'aura pas lieu », était-il dit en février 1990, mais en août, plus sérieusement : « La guerre du Golfe aura-t-elle lieu [1] ? » Et pourtant, au départ, le titre semblait mauvais : trop long, selon les conventions théâtrales pour être prononcé en entier, il était devenu, — tout comme *On ne badine pas avec l'amour* de Musset abrégé en *Badine* — pour les familiers de la troupe, « La guerre de Troie », et pour les acteurs principaux, « Troie » tout court. Sa connotation négative, surtout si l'on songe aux superstitions qui accompagnent habituellement les créations dans le monde du spectacle, ne risquait-elle pas de décourager les futurs spectateurs ? En tout cas, c'est pour une raison de ce genre — pour ne pas faire fuir le public — que Louis Jouvet avait déjà, en 1929, fait transformer un *Au secours !* de Marcel Achard en *Jean de la Lune* [2]. La formulation elle-même prêtait au quiproquo : « Donnez-moi deux billets pour le 13 décembre », aurait dit une cliente au bureau d'accueil de l'Athénée, « pour *La Guerre de Troie* ». — « *La guerre de Troie n'aura pas lieu* », complète l'employée. Mais la dame : « Eh bien tant pis, réservez-moi deux places pour le spectacle de remplacement. » En Allemagne, ce fut pire. *Kein Krieg in Troja* [3], premier titre de la traduction, était devenu plus littéralement *Der trojanische Krieg findet nicht statt* [4]. Imprimée sur deux lignes de taille inégale, l'affiche, à l'entrée d'un théâtre du Bade-Wurtemberg, avait vidé la salle de ses spectateurs, persuadés — telle est la subtilité de la langue

1. Le titre fut même repris pour un article de Jean Baudrillard, dans *Libération*, le 4 janvier 1991.
2. Voir Paul-Louis Mignon, *Louis Jouvet. Qui êtes-vous ?*, éd. La Manufacture, 1988, p. 232 (mais il attribue le changement de titre à une réflexion de Marcel Pagnol).
3. « Pas de guerre dans Troie. »
4. « La guerre de Troie n'a pas lieu. »

allemande — que la représentation était annulée [1].
On comprend donc les hésitations de l'auteur et du
metteur en scène. Et pourtant le premier, qui avait
dès le début soumis son titre à l'approbation du
second [2], après avoir inscrit en tête de son manuscrit
complet, *Prélude des préludes*, préface à l'*Iliade* [3],
changé en *Prélude* tout court sur la brochure du texte
mis en répétition [4], était finalement revenu au titre
initial dont il avait sans doute entrevu l'effet provo-
cateur : pour le spectateur de 1935, cette guerre qui
n'aurait pas lieu et qui avait déjà un nom, ce n'était
pas celle de Troie, mais « la guerre d'Abyssinie [5] »,
celle d'Éthiopie, ou... la Seconde Guerre mondiale.

Prélude, comme *Préface*, implique évidemment une
notion d'antériorité. « C'est la guerre telle qu'elle se
prépare », dit Giraudoux dans une interview, « c'est
l'heure qui précède une déclaration de guerre [6] ».
Quant aux personnages, « je les prends, dit-il, avant
qu'ils soient entrés dans la légende, alors qu'ils sont
encore "inemployés", que personne n'a parlé d'eux,

1. En allemand, le verbe *stattfinden* — ici au présent et non au
futur — s'emploie précisément pour les représentations, défilés,
manifestations qui « ont lieu » ou non.
2. *Les Nouvelles du matin*, 18 décembre 1945.
3. Jean Giraudoux, *Théâtre complet*, Bibliothèque de la Pléiade,
« Note sur le texte », pp. 1500-1501.
4. Il s'agit des placards de l'édition Grasset, appelés aussi
« manuscrit Taladoire », du nom du dernier propriétaire (*ibid.*,
p. 1502). Ajoutons que *Prélude* était déjà le titre d'un récit de
Katherine Mansfield (1921).
5. Selon François-Charles Roux, ambassadeur de France au
Vatican, c'est le Pape qui aurait parlé, en février 1935, à un
fonctionnaire laïc de ce même Vatican, de « la guerre d'Abyssinie »
qui, avant d'exister, avait déjà un nom (G. Graumann, *op. cit.*,
p. 140).
J. Body suggère même que le piéton parisien de 1935, un peu
pressé, distrait, ou prenant ses désirs pour des réalités, pouvait lire
sur les colonnes Morris ou dans le métro : « La guerre [...] n'aura
pas lieu » (*Un thème, trois œuvres. L'Histoire*, Belin, 1989, p. 140).
6. Maurice-A. Dabadie, « Interviews rapides avec Jean Giraudoux », *L'Écho de Paris*, 6 novembre 1935.

même pas Homère [1]. » Au dénouement, on pourra aborder l'épopée connue, l'*Iliade* : « Le poète troyen [Demokos] est mort, la parole est au poète grec [Homère] [2]. »

Prélude des préludes, avec l'amour des superlatifs qui caractérise Giraudoux — en 1937 apparaîtra la « tirade du petit doigt » dans laquelle Agamemnon, « le roi des rois, le père des pères », devenu « le fat des fats, le crédule des crédules », s'attire de la part de Clytemnestre « la haine de la haine [3] » — ce sont les préliminaires de la Guerre des Guerres, la première ou la plus grande de l'histoire ou de la légende grecque, la Guerre par excellence : guerre pour une Femme, guerre pour la Beauté.

En attendant que le concert commence, on peut accorder son instrument, ou s'exercer à faire des gammes. *Prélude* a aussi une connotation musicale : avant le grand concert, on joue un petit morceau, plus léger. L'*Intermezzo* de 1933 se plaçait, pour Giraudoux, entre deux tragédies [4], le « prélude » de 1935 introduit au grand concert symphonique des nations, ou à la grande Déflagration.

Mais dans *Prélude*, il y a surtout *ludus*, le « jeu ». L'écrivain peut s'amuser pour son propre divertissement (et Giraudoux ne se prive pas de ce plaisir) ; mais on dit aussi « avoir du jeu » : c'est que le destin s'amuse avec la liberté humaine, et la Némésis antique se joue des hommes. Quant à l'auteur dramatique, il joue, lui, le plus sérieusement du monde, avec les mots, avec le temps et surtout avec le mythe.

Si le sujet est grave — « La guerre est un grand fléau », avait déjà écrit l'élève Giraudoux dans un

1. Almaviva, « M. Jean Giraudoux nous dit ce que sera sa pièce *La Guerre de Troie* », *Le Figaro*, 21 novembre 1935.
2. Acte II, scène XIV, p. 163.
3. *Électre*, acte II, scène VIII, *Théâtre complet*, Bibliothèque de la Pléiade, p. 678.
4. *Judith* et *Brutus* (qui ne fut jamais écrit). Voir *Théâtre complet*, Bibliothèque de la Pléiade, p. 1362.

devoir de seconde du lycée de Châteauroux, et il
s'agissait de la même guerre, celle de Troie [1] ! —, la
manière peut être plaisante. « Ma pièce, dit-il encore
dans une interview, est une comédie dramatique [2]. »
Jacques Body souligne ainsi cette dualité : « Le titre
[...] donne à la façon de la clef et des altérations qu'on
inscrit au début d'une partition de musique, la tona-
lité de la pièce : les pires enjeux de l'humanité lancés
avec la main légère d'un joueur spirituel et philosophe, la question capitale posée sous les dehors d'une
plaisanterie un rien pédante [3]. »

Mythe et culture

En cette fin de siècle, les bons élèves apprenaient
tous le latin et le grec. Jean Giraudoux a donc, comme
des milliers de petits compatriotes, internes, bour-
siers, studieux, appris en classe de quatrième le verbe
λύω — *délier*, mais aussi *détruire* — et quelques verbes
irréguliers, puis, vers la fin de l'année, déchiffré avec
enthousiasme les premiers *Dialogues des morts* de
Lucien de Samosate [4]. En classe de seconde et première, les élèves découvrent les tragiques grecs en
traduisant des extraits d'Eschyle (*L'Orestie*, avec la
prophétesse Cassandre), de Sophocle (auteur d'un
Ajax et d'un *Philoctète* [5]), d'Euripide (avec *Les Troyennes* et *Iphigénie en Aulide*). Mais l'épopée de l'antique

---

1. Lycée de Châteauroux, *Cahier d'honneur* édité par l'Association des anciens élèves du lycée Jean-Giraudoux de Châteauroux
pour le centenaire de la naissance de Jean Giraudoux, imprimerie
Badel, 1982.
2. Almaviva, article cité, 21 novembre 1935.
3. *Un thème, trois œuvres. L'Histoire*, p. 141.
4. Le dialogue entre Ménippe et Charon (*Dialogues des morts*,
XXII) figure dans les manuels des classes de 4e. Parfois, on traduit
aussi un dialogue entre Ajax et Agamemnon, au sujet d'Ulysse
(*Dialogue* XXIX).
5. Ces tragédies de Sophocle sont rarement étudiées en classe,
mais toutes les bibliothèques offrent aux élèves, en français, des
« Récits tirés du théâtre grec ».

Ilion, avec l'interminable durée de son siège, la trouvaille du cheval armé qui entre dans la ville, puis le
périple de retour plein de péripéties du rusé Ulysse-
Odusseus, est au centre des lectures lycéennes, au
point de déborder des cours de grec sur celui de
français : le professeur de Châteauroux, M. Jacques,
donne une composition française à faire en classe, en
deux heures, sur le sujet suivant : « Développer le
discours de Chrysès, premier chant de l'*Iliade*. » C'est
donc que l'œuvre d'Homère n'a, pour ces élèves de
seconde classique, aucun secret ! « Atrides, et vous
autres Achéens aux belles knémydes *(sic)* [...] Voilà
dix ans que vous avez quitté votre patrie pour venir
reprendre dans Troie Hélène, l'épouse de Ménélas,
que Pâris lui a ravie. » C'est ainsi que commence le
devoir du lycéen de quinze ans et demi, Jean Giraudoux, et déjà il semble envisager la guerre de Troie
non comme une glorieuse épopée militaire, mais
comme un long événement douloureux : « Bientôt,
continue Chrysès-Giraudoux, la cité imprenable vous
ouvrira ses portes ; le sang coulera dans le palais du
vieux Priam, et les gynécées parfumés de ses cent
filles sentiront l'âcre odeur des cadavres. » Encore,
ces Grecs-là auront-ils la chance de « retourne(r)
triomphalement dans (leurs) foyers et (de) passer le
reste de (leur) vie en paix ». C'est du moins ce que
Chrysès leur souhaite [1].

Mais pour l'écrivain adulte, auteur de *Juliette au
pays des hommes*, la connotation est encore plus
négative : « catastrophe » est le mot qui caractérise à
présent cette guerre historique ou mythique ; et
même, catastrophe capitale puisqu'elle a été engen-
drée par le péché originel (« la faute d'Adam ») et

---

1. Jean Giraudoux recopie ce devoir dans le Cahier d'honneur
du lycée de Châteauroux le 3 juillet 1898.

qu'elle est mise sur le même plan que le « meurtre d'Abel » et « la Réforme » [1].

En 1911, dans *L'École des indifférents*, « Bernard, le faible Bernard », essayant pour exciter son imagination les « théories les plus enfantines », avait tenté d'« empêcher la guerre de Troie ». Il se met alors à la place de Ménélas : « Assis sur le toit de mon palais, je regarde s'enfuir celle qui m'a trompé. Je ne la poursuivrai point [...]. » Vingt-quatre ans avant la pièce de théâtre, l'expérience échoue déjà ; même dans l'imaginaire un peu fou d'un jeune homme, le Destin triomphe : « Troie devait périr [2]. »

Homère est donc pour Giraudoux une référence constante : qu'il ait existé ou non, l'Aède aveugle, le Poète grec par excellence, et ses personnages, Troyens dompteurs de cavales et Achéens à cotte de bronze, font à l'auteur, selon une expression qui lui est familière, des « signes [3] » permanents : dans les contes, nouvelles et romans, Ménélas et Pâris échangent des épithètes homériques [4], Hécube se présente à l'esprit de l'auteur comme le symbole de toute « vieille ridée [5] », Andromaque est citée au moins cinq fois dans un seul récit [6], Hélène se met à jouer avec son image ou son double [7], et Hector quitte sa femme pour sauver Troie [8].

L'étudiant a eu à son programme le chant XI de l'*Iliade*, une partie de l'*Ajax* de Sophocle, la fin des *Grenouilles* d'Aristophane. Le normalien a emprunté

    1. *Juliette au pays des hommes*, « Prière sur la tour Eiffel », *in :* Jean Giraudoux, *Œuvres romanesques complètes*, tome I, Bibliothèque de la Pléiade, Gallimard, 1990, p. 852.
    2. *L'École des indifférents*, ibid., p. 221.
    3. Pour l'expression « faire signe », voir pp. 37, 150, 157, 170 et p. 56, note 1.
    4. « Une carrière », « Contes d'un matin », *Œuvres romanesques complètes*, p. 275.
    5. *Simon le Pathétique*, ibid., p. 291.
    6. *Simon le Pathétique*.
    7. *Juliette au pays des hommes*, ibid., p. 792.
    8. *La Française et la France*, conférence faite en 1934, éd. Gallimard, 1959, p. 24.

trois fois à la bibliothèque de l'école la *Cassandre* de Lycophron [1].

Mais entre les études scolaires et la composition de la pièce sur l'*Iliade*, six lustres au moins se sont écoulés. L'étudiant en lettres classiques a bifurqué vers les études germaniques, le professeur-stagiaire d'un jour a quitté l'enseignement pour les consulats et s'est transformé en diplomate globe-trotter. La guerre (non celle de Troie, mais celle de 1914-1918) a eu lieu, et le sous-lieutenant Giraudoux a pu découvrir avec émotion, mais aussi dans l'angoisse et le fracas des armes, en juin 1915, avec le corps expéditionnaire franco-britannique des Dardanelles, le site panoramique de Troie, en face de Ténédos [2].

Les sources

Bien que l'écrivain, devenu célèbre, reçoive de nombreux ouvrages dédicacés dont on a pensé qu'ils avaient servi de base à la pièce de 1935, force est de constater que ces ouvrages, brochés selon l'usage de l'époque, demeurent dans sa bibliothèque sans même

1. J. Body montre cependant que si Giraudoux emprunte trois fois de suite cette pièce sur les prophéties de Cassandre (25 mai 1904, 15 octobre 1904, 1er mai 1905), cela ne correspond pas forcément à un intérêt particulier ou à une lecture approfondie, mais plutôt à un règlement de l'École qui obligeait les élèves à vider leur « turne » à périodes fixes ! La pièce *Les Prophéties de Cassandre* de Lycophron, rarement représentée, a été jouée à Paris en juin 1990, au Théâtre d'Ivry (mise en scène : Agnès Delume).
2. *Carnet des Dardanelles*, éd. Le Bélier, 1969, p. 63 : « Nous rejoignons le colonel au haut du bois d'olivier sur un plateau mal protégé, mais d'où la vue est merveilleuse : à droite, vers quatre pylônes, le fond est Ténédos, à gauche — Troie, les Dardanelles, le large — à droite Imbros, les montagnes, la vallée riante. Le temps s'est levé, la bataille aussi. »
Notons que c'est dans un assaut contre les Turcs, à l'extrémité de la presqu'île de Gallipoli, face à la Troade, que Jean Giraudoux fut blessé le 21 juin 1915.

que les pages en soient coupées [1] : voisinent donc, apparemment sans usage — ou peut-être lus ailleurs, avant d'avoir été reçus, en tout cas sans « imitation » désirée ni possible —, le livre de Victor Bérard *Résurrection d'Homère*, la comédie d'Henri Chabrol *Ménélas ou l'ambassade amoureuse*, ainsi qu'une tragédie de Pierre Frayssinet, *Ajax désespéré*. Quant aux *Études sur la tragédie grecque dans ses rapports avec la céramique*, thèse de Louis Séchan contenant des documents rares sur une pièce perdue de Sophocle, *La Revendication d'Hélène*, nul ne saura jamais si Jean Giraudoux l'a vraiment lue pour en tirer — comme on l'a cru — son sujet : l'exemplaire offert par cet ami normalien étant relié, les pages en étaient coupées d'avance !

Il est aussi difficile de savoir si Giraudoux a eu, ou non, connaissance de l'énorme matière du *Roman de Troie* [2] ou du Pseudo-Dictys [3]. Jean-Pierre Giraudoux assure que son père, vers les années 1934-1935, ne lisait qu'Agatha Christie [4] ! En revanche, comme il allait au théâtre, il a peut-être vu (ou entendu parler de) *Troïlus et Cressida* de Shakespeare, présenté au Théâtre de l'Odéon en 1934.

Sans doute, enfin, s'est-il donné la peine — pour écrire « une modeste post-préface à l'*Iliade* [5] » — de relire ou de feuilleter l'œuvre d'Homère qu'il possédait dans sa bibliothèque [6]... Cela même n'est pas tout

---

1. Voir Maurice Barthélémy, *Bibliothèque de Jean Giraudoux conservée à Bellac — Relevé des dédicaces*, éd. Univ. F. Rabelais, Tours, 1989.

2. *Le Roman de Troie* de Benoît de Sainte-Maure (vers 1165).

3. Gérard Genette, dans *Palimpsestes*, éd. du Seuil, 1982, imagine que Giraudoux aurait pu trouver l'épisode de l'ambassade grecque dans les *Éphémérides de la guerre de Troie* du Pseudo-Dictys de Crète, texte apocryphe du IVe siècle après J.-C.

4. Voir *Entretien avec Guy Teissier, op. cit.*, p. 5.

5. *La Liberté*, 21 novembre 1935.

6. Au moment de rédiger, par exemple, *L'Impromptu de Paris* à Vittel, à la mi-juillet 1937, Jean Giraudoux écrit à Louis Jouvet qu'il cherche en vain, et vient de commander à Épinal, « le vrai *Impromptu* », celui de Molière, parce qu'« il (lui) manque une foule

à fait sûr : il a peut-être « préféré » — comme plus tard pour composer *Électre* — « ne [s]e servir que des souvenirs laissés par les études abandonnées il y a quelque trente-cinq ans. Les souvenirs de beaucoup d'hommes de [s]on âge [1] ».

Souvenirs dont émergent naturellement les épisodes-phares, morceaux d'anthologie connus, tels que la promenade d'Hélène aux portes Scées avec les vieillards caquetant sur les remparts, les adieux d'Hector et d'Andromaque dans les rires mêlés aux larmes des parents du petit Astyanax ; la mort d'Hector et son cadavre mutilé traîné par le char d'Achille au pied du tombeau de Patrocle ; ainsi, bien sûr, qu'Andromaque pleurant sur le corps d'Hector et prévoyant le meurtre de son jeune fils par les Grecs vainqueurs [2].

Les personnages

Le choix du sujet peut justifier une sorte d'amnésie ou une part de fantaisie, car il ne s'agit pas d'illustrer le mythe ni d'en reproduire fidèlement quelques épisodes, mais, dit l'auteur dans une interview, de prendre des personnages « mythiques et pittoresques [3] » et de les présenter « du point de vue de leur intimité » en leur conservant seulement « le squelette fixe que leur a donné la tradition [4] ». Squelette qui se réduit tantôt à un nom ou à une fonction : Hector le chef combattant, Andromaque la mère et l'épouse ; tantôt à un stéréotype ou à une fable mythologique :

---

de détails indispensables » (*Cahiers Jean Giraudoux*, n° 9, 1980, p. 75). Il est vrai que le parallélisme des titres imposait davantage le respect d'un modèle précis.

1. *Le Figaro*, 11 mai 1937.
2. Pour les références aux textes, voir les notes aux pages 57, 61, 62 (note 3), 71, 95, 96, 99 de ce volume.
3. Jean Giraudoux à Roger Lannes, *La Liberté*, 21 novembre 1935.
4. Jean Giraudoux à Almaviva, *Le Figaro*, 21 novembre 1935.

Cassandre punie et devenue prophétesse de malheur ; ou à un simple adjectif : le beau Pâris, le vieux Priam, la sage Hécube, le rusé Ulysse.

Mais de même qu'il avait fait des gammes et variations sur l'*Odyssée* dans *Elpénor*, de même Jean Giraudoux récrit en 1935 l'*Iliade* — une avant-*Iliade*, ou une *Iliade travestie* ? — en inventant des personnages secondaires et en donnant aux protagonistes connus un tout autre poids et, parfois, un tout autre visage.

Ménélas, élément central de l'intrigue et personnage principal de l'ambassade grecque, est pratiquement absent de la pièce de Giraudoux ; quelques allusions suffisent à le camper, mais surtout à le ridiculiser : il pourrait sortir tout droit de l'opérette [1].

La délirante Cassandre, la plus belle des filles de Priam et d'Hécube, devient chez Giraudoux un très grand personnage tragique. Selon la presse de l'époque, Marie-Hélène Dasté apparaît à la première scène assise sur un bloc de marbre ou sur le parapet d'une terrasse ; mystérieuse comme un sphinx, impressionnante dans son immobilité, elle fixe sur le public des yeux de visionnaire. Durant toute la pièce, lucide et amère, elle souffre et vibre : « Chaque être pèse sur moi par son approche même. A l'angoisse de mes veines, je sens son destin [2]. »

Priam et Hécube, ou le couple royal dans l'*Iliade*. Lui, un vieillard aux cheveux blancs, qui se les arrache parfois de désespoir selon la tradition. Elle, une vieille reine dure et énergique, qui peut éprouver une haine sauvage pour l'homme qui a tué son fils. Tous deux épris de gloire et soucieux surtout d'avoir un fils glorieux. Après la mort d'Hector, ils sont effondrés à l'idée que celui-ci n'aura pas de funérailles, et la mère qui se lamente dévoile son sein et montre ses mamelles (chant XXII). Giraudoux, afin de nous rendre

---

1. Il est cité dix fois dans la pièce, mais de façon toujours dévalorisante (voir pp. 69, 144).
2. Acte premier, scène x, p. 99.

contemporains son intrigue et ses personnages, non seulement supprime ces manifestations intempestives, conformes à la tradition, mais il sépare le couple Priam-Hécube et les fait passer dans deux camps opposés : Hécube, matrone au langage un peu vert, au nom d'un bon sens plus populaire que royal, prend la direction du clan de la paix ; Priam, selon la presse de la création, « vieillard scrongnieugnieu [1] », orgueilleux bouffi d'importance, dirige les bellicistes de l'arrière, par admiration amoureuse pour l'amante de son fils.

Pâris-Alexandre, « archer insolent, fier de ses cheveux bouclés, lorgneur de filles » et combattant valeureux aidé de Phébus-Apollon dans l'*Iliade* (chant XI), est devenu, sinon dans le texte de Giraudoux, du moins dans la représentation de 1935, en la personne de José Noguero, un « beau gosse rose et joufflu », indifférent, poupin, insouciant. On le compare à un mignon du roi Henri III, à un danseur argentin, ou, comme dans le théâtre contemporain de boulevard, à un homme du monde qui ne veut pas rompre avec la maîtresse que lui accorde l'opinion.

Ajax, le noble Ajax, fils de Télamon, « mortel semblable aux dieux » dans l'*Iliade* (chant XI), devenu le gros Oiax, se présente aux spectateurs et aux critiques de 1935 — qui, ne disposant pas encore du texte imprimé, ne comprennent même pas son nom et l'appellent Ajax ou Oyonax — sous la forme d'un solide soudard aux mains épaisses dont la présence en scène est émaillée de rires égrillards et de hoquets répétés.

Les vieillards du Conseil des Anciens entrent allégrement chez Giraudoux dans le clan de la guerre. Grotesques lorsqu'ils ne sont que libidineux, esthètes ou gâteux, ils deviennent, en tant qu'intellectuels et

---

1. La formule est de Jacques d'Antibes. Toutes les citations du paragraphe « Les personnages » sont empruntées au recueil de presse du Théâtre de l'Athénée, vol. 1934-1935, Bibliothèque nationale, département des Arts du Spectacle.

politiciens, des personnages inquiétants ; particulièrement Demokos, dont le nom vient peut-être du
chantre phéacien de l'*Odyssée*, Demodokos
(chant VIII, 44) ; il s'appelle chez Giraudoux Démo-
docus lorsque, dans *Nouvelles Morts d'Elpénor*, il pré-
side le concours poétique ; appelé dans les brouillons
de la pièce Domikos, puis Demikos, il est traité par la
presse de « vieil imbécile truffé de rimes », de
« Déroulède moderne » et semble vraiment honni par
l'auteur.

Ulysse, seul représentant — avec Oiax — de
l'ambassade grecque, n'est plus l'industrieux héros de
l'*Odyssée* ni « l'intrépide Ulysse cher à Zeus », « insa-
tiable de ruses et de labeurs » du chant XI de l'*Iliade*.
C'est du moins ce que l'on a cru pendant un demi-
siècle. La presse de la création ne tarit pas d'éloges sur
le personnage joué par Pierre Renoir, « un philosophe
profond et un guerrier magnifique », mais surtout
« un homme de bonne volonté ». La scène de la pesée,
l'entretien des deux chefs d'État isolés au-dessus de la
mêlée [1], apparaissent à tous comme un sommet
d'humanisme et d'humanité. Quant à la dernière
réplique d'Ulysse : « Andromaque a le même battement de cils que Pénélope » (p. 160), elle est interpré-
tée comme « un mâle et discret hommage aux épou-
ses », comme un accord sensible entre deux maris.
Cependant, une journaliste relève avec agacement la
préciosité du mot « cil » qui la glace [2]. Jean-Pierre
Giraudoux raconte que, de son côté, il était gêné par
cette réplique et l'avait dit à son père [3]. Et voilà qu'en
1981 intervient la découverte d'une lettre personnelle
de Jean Giraudoux à un professeur d'École Normale,
lettre datée du 28 janvier 1937, dans laquelle — après
coup sans doute, et bizarrement : en effet, pourquoi
ne l'a-t-il jamais affirmé publiquement ? — il accable
son personnage : « Je n'ai pas encore vu dans les

1. Acte II, scène XIII, pp. 153-160.
2. H. Charasson, *La Dépêche d'Alger*, 12 décembre 1935.
3. *Entretien avec Guy Teissier, op, cit.*, p. 5.

critiques que j'ai lues, qu'on ait compris mon personnage d'Ulysse. Je l'ai fait jeune, député, séducteur,
tendeur d'embûches. (Quand il parle de la paupière
d'Andromaque, à sa sortie, c'est uniquement un effet
de sortie, un rond de jambe, c'est un absolu mensonge.) » Et il conclut sévèrement : « On l'a vu modèle
de sagesse et de grandeur d'âme, je croyais l'avoir fait
infiniment plus redoutable que Demokos [1]. »

« Mon amie, c'est Andromaque », affirme Jean
Giraudoux dans la même lettre. Celle de l'*Iliade* était
le modèle des vertus familiales et domestiques :
femme d'Hector « qu'il a jadis payée de ses riches
présents [2] » et mère d'Astyanax qu'« elle reçoit sur
son sein parfumé, avec un rire en pleurs [3] », elle obéit
aux impulsions de sa sensibilité, court comme une
folle, tremble de tous ses membres, prend la main
d'Hector quand il est vivant, et tient sa tête lorsque le
cadavre est exposé : sa nature est particulièrement
sensible et peut être égoïste dans la passion. Celle de
Giraudoux, — parfois proche de l'héroïne racinienne
qu'il admire — est « la plus désespérée, mais aussi la
moins pessimiste [4] » des personnages de la pièce. En
elle, les émois du cœur dominent ; mais si elle est
avant tout l'image de la maternité défensive, de la
fidélité conjugale, elle devient aussi le porte-parole de
la condition féminine et le symbole de tout amour
humain [5].

L'Hector d'Homère était le plus bouillant des guerriers : « tout couvert d'airain, il brillait comme l'éclair
de Zeus qui porte l'égide ». « Égal à Arès homicide, il
lançait les magnanimes Troyens contre les Achéens »
(chant XI). Les têtes des ennemis tombaient en foule
sous ses coups, et il rêvait pour son fils un avenir de

---

1. *Cahiers Jean Giraudoux*, n° 10, Grasset, 1981, pp. 7-8.
2. *Iliade*, chant VI, v. 394.
3. *Ibid.*, v. 483-484.
4. Lettre à Mme Prévost.
5. « Écoutez ce que toutes les femmes du monde vous disent par
ma voix » (acte premier, scène VI, p. 82).

succès militaire. Autoritaire, il ne supporte ni conseil ni contradiction. Lorsqu'il meurt, Achille s'acharne sur son cadavre et tous les autres Achéens viennent porter de nouveaux coups à sa dépouille en entonnant le péan : « Nous avons tué ce divin Hector que les Troyens dans la ville invoquaient comme un dieu » (chant XXII). Le personnage giralducien n'est pas un dieu, il serait même plutôt le plus humain des humains, partagé — comme tous — entre la haine de la guerre et... le désir de tuer. Il mène avec obstination un combat perdu d'avance et fait la guerre à la guerre... dans une course d'obstacles désespérée. Le rôle — qui n'était pas prévu pour Louis Jouvet — devient à la création, joué par l'acteur, « soldatesque et acrobatique, grave et chaleureux [1] ».

Hélène, fille de Zeus (qui s'était transformé en cygne pour séduire Léda), incarne dans l'*Iliade* la divine Beauté. Épouse de Pâris, elle est femme d'intérieur et tisse en son palais un manteau de pourpre [2]. Déjà est posée la question de sa responsabilité. « Il n'y a pas lieu de blâmer les Troyens ni les Achéens aux bonnes jambières », disent les vieillards, si, pour telle femme, ils souffrent si longs maux » ; néanmoins, ils souhaitent qu'elle retourne chez elle afin de ne pas être « un fléau pour (eux) et pour (leurs) fils à l'avenir [3] ». Hélène est surtout malheureuse : elle se traite de « chienne, méchante à glacer le cœur » (v. 344) et regrette d'avoir abandonné sa fille Hermione ; elle méprise Pâris et se sent victime du marché qu'il a jadis conclu avec la déesse Aphrodite [4].

Cette femme soucieuse de morale, que Goethe dit « fort louée et fort blâmée [5] », est devenue dans la pièce de Giraudoux un personnage non pas inhumain, car si elle refuse la pitié, elle éprouve de la

1. Presse de l'Arsenal, voir note 1, p. 16.
2. *Iliade*, chant VI, v. 121-128.
3. *Ibid.*, v. 156-157, 160.
4. Voir acte premier, scène IV, p. 72 et la note 1.
5. *Second Faust*, acte III, Intermède.

tendresse, qu'elle appelle « fraternité », pour les humains misérables et pour les oiseaux [1] — mais comme... « a-humain » : étrangère aux autres et à elle-même, Hélène est comme une voix qui s'écoute- rait parler, un regard qui ne saurait se voir [2].

La complexité du personnage [3], longuement attendu dans la pièce [4] et d'avance décevant — en effet qui pourrait se vanter de faire l'unanimité dans un domaine aussi subjectif que la beauté ? — et l'image même de cette Beauté, présente partout et absente à la fois, qui va et vient à travers le drame, encombrante et discrète, aimable et terrifiante, ne refusant jamais rien et ne consentant pas davantage — représentation en quelque sorte de la Fatalité elle- même —, ont dérouté et irrité plus d'un critique, en 1935.

Le rôle avait été écrit pour Madeleine Ozeray, frêle « araignée » selon son propre portrait [5] ; sur la scène de l'Athénée, cette « petite fille blonde et délicate, presque irréelle et aussi incolore qu'une peinture de Marie Laurencin [6] » est apparue comme une « pou- pée de luxe, inquiétante, impulsive et froide, ingénue et perverse » ; par sa diction bizarrement saccadée et son port pseudo-hiératique — bras collés au corps et mains relevées à l'horizontale [7] » — elle suggérait l'image, à la fois forte et faible, d'un Destin dérisoire.

1. Acte II, scène VIII, pp. 134-135.
2. « On peut les y voir ? / Je ne sais pas, regardez » (acte premier, scène IX, p. 96).
3. Acte II, scène XIII, p. 158.
4. Elle n'entre qu'à la scène VII de l'acte premier.
5. « Souvenirs inédits de Madeleine Ozeray », confiés à E. Frois, dans *La Guerre de Troie...* coll. Profil d'une œuvre, Hatier, 1971, pp. 76-80.
6. Toutes les citations de ce paragraphe sont extraites du recueil de presse de l'Arsenal. Voir note 1, p. 16.
7. Voir les photos Roger-Viollet de la création, par exemple dans le volume *La Guerre de Troie/L'Histoire*, coll. Ellipses, *op. cit.*, p. 36 ; dans le catalogue *Jean Giraudoux : du réel à l'imaginaire*, Biblio- thèque nationale, 1982, p. 121 ; ainsi que les croquis d'Alix (costu- mes de la création).

La méthode

Si, selon la formule célèbre [1], « la culture est ce qui reste quand on a tout oublié », on pourrait affirmer que Jean Giraudoux, qui a tout oublié, ou presque, d'Homère et d'Euripide, de Shakespeare et de Goethe, fabrique selon un schéma qui lui est propre une histoire sur une histoire, et rédige un manuscrit à peu près neuf sur un palimpseste à moitié effacé. Pour créer une nouvelle *Judith*, ou un trente-huitième *Amphitryon*, il avait choisi, à l'intérieur de la légende bien connue — qu'il lui faudrait retrouver à la fin —, un espace laissé comme libre pour l'imagination, un entre-deux à meubler à sa guise, de façon à modifier, ou même à renverser le sens du mythe. Procédé réussi qui sera repris dans *Électre*. Mais ici, l'histoire se situant avant la légende, le mythe ne peut être inversé, il sera donc comme... suspendu : l'auteur — et avec lui le spectateur — imagine une sorte de répit de la fatalité, un moment de liberté ou d'inattention du destin : « Le tigre [...] dort [2] », alors tout devient possible. Mais par la suite, le tigre se réveillera et se rattrapera en déchaînant son « festival » de cruauté et de catastrophes, on retrouvera l'histoire prévue : la guerre « aura lieu [3] ».

La mode et le temps

Un auteur très cultivé écrit donc pour un public très cultivé [4], ou présumé tel. Le Théâtre de l'Athénée —

1. Attribuée à Édouard Herriot.
2. Acte premier, scène première, p. 56.
3. Acte II, scène XIII, pp. 156-157 ; acte II, scène XIV, p. 163.
4. Si l'on se reporte aux études de Gérard Genette (*Palimpsestes*, éd. du Seuil, 1982 ; texte également reproduit dans *Un thème, trois œuvres, op. cit.*, pp. 243-245), Giraudoux est le maître de la pratique « hypertextuelle ». L'hypertexte étant « tout texte dérivé d'un texte antérieur par transformation simple ou indirecte », G. Genette étudie dans les pièces « antiques » de Giraudoux des procédés

que Jouvet occupe depuis 1934 — se situe dans un quartier chic de Paris. « Tous les spectateurs, dit Giraudoux, ou du moins presque tous, sauront d'avance comment l'histoire se termine [1]. » Encore surestime-t-il légèrement ce public. Un journal du temps rapporte l'anecdote d'un couple élégant, regardant vite le programme. « Qu'est-ce que cette guerre de Troie qui n'aura pas lieu ? — Une idée de l'auteur sans doute. On va voir », dit le mari. Le rideau se lève. Alors, on entend la voix de la femme : « Ah ! c'est du temps des Romains [2] ! »

Giraudoux n'est pas le seul ni le premier à traiter du mythe antique dans les années 30. Il s'insère dans une longue tradition, inaugurée dans le domaine du théâtre par Jean Cocteau en 1922, avec sa version contractée de l'*Antigone* de Sophocle, poursuivie avec un *Orphée* (1926) et l'opéra-oratorio composé avec Stravinsky, *Œdipus-Rex* (1927). En 1932, André Gide avait réussi à faire monter son *Œdipe* par Georges Pitoëff. Paul Claudel avait, de son côté, écrit, sinon fait repré-

d'hypertextualité tels que « la transmotivation », « la valorisation primaire ou secondaire » du récit primitif baptisé « hypotexte », les anachronismes qui permettent de jouer avec le passé hypotextuel et le présent ; mais il juge le statut hypertextuel de *La guerre de Troie n'aura pas lieu* « encore plus complexe, ou peut-être seulement plus indécis » (que celui des autres pièces) car, même si le récit de l'ambassade d'Ulysse venant réclamer Hélène existe dans des textes antérieurs, « le public qui l'ignore le plus souvent, reçoit plutôt *La Guerre de Troie* comme une continuation analeptique de l'*Iliade* ». Cas rarissime donc : ici, l'hypertexte précède en quelque sorte son hypotexte. Et G. Genette, après une étude minutieuse de la pièce, conclut : « Le texte de Giraudoux ne dispose pas d'une grande "marge de manœuvre" : il consiste en une sorte de grande variation en prélude, qui joue avec son terme prescrit comme la souris, peut-être, croit jouer avec le chat » [...] « il ne peut pousser l'émancipation jusqu'à éluder le terme [...] il s'agissait seulement de rendre le jeu plus cruel, et d'introduire le destin [...] par où on ne l'attendait pas, par où l'on croyait lui échapper. »

1. *Le Figaro*, 21 novembre 1935.
2. *Le Nouveau Cri*, 8 décembre 1935.

senter, une farce énorme, *Protée* [1], dans laquelle, sur une île située entre Crète et Égypte, et où vivent un pauvre dieu de sixième catégorie, sa nymphe Brindosier, une troupe de satyres noirs et des phoques apprivoisés, débarque un certain Ménélas, confronté à un jeu grotesque de cache-cache entre une vraie et une fausse Hélène. S'est-on demandé pourquoi l'auteur d'*Électre* n'a jamais écrit de pièce sur l'autre famille maudite, celle des Labdacides ? La raison en est peut-être ce phénomène de mode : le sujet était « pris » puisque Cocteau — un ami — venait de faire jouer sa *Machine infernale* en avril 1934, à la Comédie des Champs-Élysées, dans une mise en scène de Louis Jouvet.

Les mythes littéraires, qui sont en nombre fort restreint, puisqu'ils illustrent tous une histoire absolument fondamentale, significative et exemplaire de l'humanité (citons : Œdipe ou le mythe de la connaissance, Oreste ou l'impossible devoir de vengeance, Électre ou la justice intégrale, Orphée ou le désir d'immortalité, Prométhée ou l'homme-dieu) fournissent aux auteurs des années 30 des sujets solides et une quasi-assurance de succès, puisque le public cultivé y trouve, transposés dans l'Antiquité, donc légèrement distanciés ou aseptisés, ses problèmes quotidiens. « Point de mythe littéraire, écrit P. Albouy, sans palingénésie qui le ressuscite dans une époque dont il se révèle apte à exprimer au mieux les problèmes propres [2]. »

Dans cette liste des mythes éternels, celui d'Hélène, cause de la guerre de Troie, mais surtout Beauté fatale, phare et malheur des hommes, pouvait tout naturellement trouver sa place. On est donc extrême-

---

1. Les deux versions de *Protée* (1914 et 1926) sont reproduites dans Paul Claudel, *Théâtre complet*, Bibliothèque de la Pléiade, 1948, tome 2. La pièce, rarement jouée, a été représentée à Strasbourg en avril 1990, au Maillon, dans la mise en scène de Bernard Jenny.
2. P. Albouy, *Mythes et mythologies dans la littérature française*, Armand Colin, 1969, p. 10.

ment surpris de ne voir aucune mention de ce mythe
ni même du personnage d'Hélène dans le *Programme*
vendu aux spectateurs de la création qui, après une
analyse détaillée de l'intrigue, ne leur propose que la
réflexion suivante : « Giraudoux célèbre et aime
l'homme, esprit et corps, placé dans sa condition
terrestre, entre les deux limites de sa naissance et de
sa mort : vivre son humanité est le souverain bien, le
seul qui soit réel [1]. »

Mythe et tragédie

« Regarde, spectateur, remontée à bloc, réglée aux
enfers, de telle sorte que le ressort se déroule avec
lenteur, tout le long d'une vie humaine, une des plus
parfaites machines infernales construites par les
dieux sans cœur pour l'anéantissement mathémati-
que d'un mortel [2]. » C'est ainsi que s'exprime la Voix,
dans le Prologue de *La Machine infernale* de Cocteau.
Et, dans l'acte II, le dieu à tête de chacal, Anubis,
énonce cette définition : « Le temps, c'est de l'éternité
pliée [3]. » En dépit de différences importantes qui
concernent notamment la « lenteur » et la conception
de la divinité « sans cœur », nous sommes ici
confrontés à une définition du tragique qui convien-
drait assez à *La guerre de Troie n'aura pas lieu*.

On connaît la fascination de Giraudoux lecteur et
écrivain pour la tragédie, fascination qui lui avait fait
choisir, dès 1928, avant qu'il n'abordât lui-même le
théâtre, Jean Racine comme auteur à traiter dans le
Tableau de la littérature française qui se préparait [4].

---

1. Programme du Théâtre de l'Athénée, 22 novembre 1935
(Bibliothèque nationale, département des Arts du Spectacle, cote
Rf 60 728 [3].)
2. *La Machine infernale*, Grasset, 1934 ; Le Livre de Poche, 1964,
p. 13.
3. *Ibid.*, p. 107.
4. *La Nouvelle Revue française*, n° 195, 1ᵉʳ décembre 1929. Texte
publié ensuite dans *Littérature*.

L'*Iliade* était une épopée — *Prélude des préludes* est intitulé tragédie. Dans sa carrière d'auteur dramatique, Giraudoux a quelque compte à régler avec ce genre difficile : la seule pièce qui avait ce sous-titre, *Judith*, avait été un semi-échec. *La Guerre de Troie* finira donc par s'appeler « pièce » tout court. Il n'en est pas moins vrai que dans les interviews l'écrivain affirme : « C'est une tragédie que j'ai voulu écrire. Une tragédie, bien entendu, à ma manière, mais une tragédie, c'est-à-dire un ouvrage dominé par une fatalité [1]. »

La destinée qui pèse sur les personnages est en elle-même tragique. Nous savons, comme le dit Giraudoux, que « la plupart [...] vont être tués dans peu de temps [2] » et « comme ils sont tous destinés à mourir, non dans ma pièce, mais dans l'histoire, une sorte d'ombre plane sur eux [3] ». Nous sentons l'inutilité de leurs efforts au moment même où ils les jugent efficaces, et nous ne pouvons rien pour eux.

De tous, le plus tragique est Hector, à cause de sa solitude, de sa bonne volonté, de sa dignité, de sa lucidité (souvent), mais aussi par la faute finale qu'il commet — l'*amartia* selon la définition d'Aristote — qui fait écrouler en quelques secondes un édifice longuement et patiemment élevé.

Le *Programme* dit pourtant que « les guerriers sont rentrés dans la grande Cité » et Hector déclare à Andromaque : « Les autres sont comme moi. L'armée que j'ai ramenée hait la guerre [4]. » Alors, pourquoi Hector est-il seul ? Seul, dans le camp des hommes, à défendre la paix ? Pourquoi, pendant le discours aux morts et durant la fermeture des portes, n'est-il entouré que de la famille, de vieillards (belliqueux) et de gardes [5] ? Où sont les autres combattants ?

1. A B. Crémieux, *Je suis partout*, 7 décembre 1935.
2. A Almaviva, *Le Figaro*, 21 novembre 1935.
3. A Roger Lannes, *La Liberté*, 21 novembre 1935.
4. Acte premier, scène III, p. 65.
5. Acte II, scène V, pp. 117-126.

Un héros tragique est toujours isolé et, d'avance, condamné. « Une fois qu'(il) entre en scène, tous les ponts sont coupés derrière lui [1]. » Mais il ne le sait pas, il se croit libre et se débat en se soulevant à la verticale comme le chien tenu en laisse dont le maître tantôt allonge et rétrécit la chaîne qui reste pour lui invisible [2]. Hector fait donc tous ses efforts : victorieux de ses adversaires successifs, supérieur à Andromaque, à Pâris, à Priam, à Hélène [3], il ne peut l'être à soi-même : « Je gagne chaque combat. Mais de chaque victoire, l'enjeu s'envole [4]. »

Faible, comme tous les hommes, il est finalement victime de ses impulsions, du destin qui est en lui : pour obtenir la paix, il s'est laissé gifler par l'ennemi extérieur (le Grec Oiax), mais il tue l'adversaire intérieur (le Troyen Démokos) et provoque ainsi le conflit qu'il a voulu à tout prix éviter : « Un pacifiste, écrit Giraudoux, est un homme toujours prêt à faire la guerre pour l'empêcher [5]. »

Dans la scène d'exposition, la réplique de Cassandre : « Qui t'a dit autre chose [6] ? » — véritable quiproquo tragique — avait déjà plus ou moins annoncé cette « cohabitation » d'Hector « avec toutes les formes et tous les monstres de la fatalité [7] » puisque, à la fin de la scène, l'entrée piaffante du héros — qui ne possède pas de mufle ! — coïncidait exactement avec l'annonce de l'arrivée du destin qui « pousse du mufle les portes [8] » !

---

1. Giraudoux parle ici du héros de Racine, *Littérature*, Grasset, 1941, p. 52.

2. Cette métaphore se trouve dans « Bellac et la tragédie », *Littérature*, p. 232.

3. « Tous m'ont cédé. Pâris m'a cédé, Priam m'a cédé, Hélène me cède » (acte premier, scène IX, p. 97).

4. Acte II, scène XI, p. 142.

5. *Je suis partout*, 7 décembre 1935.

6. Acte premier, scène première, p. 58.

7. C'est la définition que Giraudoux donne du « héros tragique » dans « Bellac et la tragédie », *Littérature*, p. 232.

8. Acte premier, scène première, p. 58. Nous devons cette suggestion à J. Body. Voir *Théâtre complet*, Pléiade, p. 1495.

Le double dénouement installe largement l'ironie tragique. Comme le dit l'Annoncier du *Soulier de satin*, « le pire n'est pas toujours sûr [1] ». A deux minutes de la fin, Hector proclame : « La guerre n'aura pas lieu, Andromaque ! » Mais, onze répliques plus loin : « Elle aura lieu [2]. » Le tragique se trouve dans le contraste ; et l'ironie est dans la précipitation des événements. Durant un temps, la première des deux répliques avait été aussi la dernière de la pièce : celle-ci s'achevait alors, non, comme on l'a cru, sur un dénouement heureux, mais sur une ironie supplémentaire [3].

Le dernier tableau — les portes de la guerre s'ouvrant et découvrant Hélène qui embrasse Troïlus — est encore plus dérisoirement tragique : non seulement la prédiction d'Hélène : « Nous nous embrasserons, Troïlus. Je t'en réponds [4] » s'est réalisée, mais ce n'est même plus pour l'amour de Pâris et d'Hélène que Grecs et Troyens s'entr'égorgeront !...

« Qu'est-ce que la tragédie ? » se demande Giraudoux dans *Littérature*. « C'est l'affirmation, répond-il, d'un lien horrible entre l'humanité et un destin plus grand que le destin humain [5]. »

Le mot « destin », capital, court à travers toute la pièce, en minuscule et en majuscule [6], en clair et en obscur, et devient le leitmotiv de la scène centrale de

---

1. P. Claudel, *Théâtre complet*, t. 2, Pléiade, p. 857.
2. Acte II, scène XIV, p. 163.
3. Voir le témoignage de Louis Jouvet (déjà cité à la note 5, p. 5). « Un peu plus tard, il me dit : J'ai trouvé la dernière réplique de ma pièce. — Qu'est-ce que c'est ? — Elle n'aura pas lieu. » (*Les Nouvelles du matin*, 18 décembre 1945.) Ce témoignage a été découvert par H. Sørensen — qui parle d'un dénouement heureux — dans *Le Théâtre de Jean Giraudoux, technique et style*, Acta Jutlandica, Copenhague, 1950, p. 206.
4. Acte II, scène II, p. 108.
5. « Bellac et la tragédie ». *Littérature*, p. 232.
6. Une seule fois, le Destin est écrit avec une majuscule, à la page 156. Pour les autres occurrences du mot « destin », voir pp. 56, 58, 132, 155, 157, 158 (2 fois), 159 ; pour le mot « sort », pp. 132, 156, 157, 159, 161 ; « l'univers », p. 155 (2 fois).

l'acte II. Si la définition liminaire bien connue : « Le destin [...] C'est simplement la forme accélérée du temps » (p. 56) semble tout humaine et proche de ce que sera la magie théâtrale créée par l'Illusionniste d'*Ondine* [1], peu à peu, en revanche, on quitte le domaine de la terre pour des allusions de plus en plus incertaines. La complexité de la notion est telle que l'auteur lui-même éprouve des difficultés à l'exprimer : « Si le destin met la clef de nos destinées dans un autre être », trouve-t-on curieusement dans un manuscrit, « c'est qu'il sait qu'elle est là, en sûreté. » Dans les brouillons primitifs de plusieurs scènes entre Hélène et Andromaque, entre Hector et Ulysse, tout ce qui dans le texte définitif sera attribué au destin, l'est aux dieux, ou même à Dieu : ce sont les dieux qui auraient mis une image dans l'œil d'Hélène, et celle qui deviendra « l'otage du destin » (p. 158) est désignée comme « la monnaie du Dieu » ou même, par addition et rature, « l'otage de Dieu [2] ». Si le mot « destin » n'est parfois qu'un synonyme de « sort » — avec lequel il alterne dans la scène XIII —, il devient déjà plus impressionnant dès lors qu'il exprime l'idée, pourtant courante, d'une loi suprême, immuable, qui a réglé d'avance la marche des événements : « Je ruse en ce moment contre le destin », dit Ulysse à Hector à la page 159. Le vocabulaire sert aussi d'alibi pour justifier des rivalités économico-géopolitiques : « Quand le destin [...] a surélevé deux peuples » renvoie, bien évidemment, au couple France-Allemagne, et le destin n'est alors qu'un prétexte à la guerre. Mais plus souvent ce personnage — si tant est que c'en soit un — plane comme une menace confuse au-dessus des individus et des peuples. Andromaque affirme

1. Acte II, scènes II, IV, VI, VIII, et les phrases du Chambellan sur l'accélération du temps, acte II, scène première, *Théâtre complet*, p. 794, et acte II, scène XIV, *ibid.*, p. 826.
2. Quelques-uns de ces brouillons ont été publiés dans *Le Théâtre complet de Jean Giraudoux*, volume *Variantes III*, éd. Ides et Calendes, 1948, pp. 9 à 25. Voir aussi *Théâtre complet*, Pléiade, pp. 1518, 1523.

que « personne, même le destin, ne s'attaque d'un
cœur léger à la passion » (p. 132) ; Ulysse l'appelle
pudiquement « l'univers » (p. 155) ; le *Programme* de
l'Athénée le définit comme « certaines forces collec-
tives un peu obscures », et Giraudoux se sert des
mêmes termes dans une interview : « Je m'attache à
dénombrer ces forces obscures [1]. » Mais ces forces
sont-elles en nous ou hors de nous ? Si les dieux — ou
ce qu'il en reste dans *La guerre de Troie n'aura pas lieu*
— sont ridicules avec leurs messages contradictoires,
si l'auteur leur décoche, ainsi qu'à leurs serviteurs les
prêtres, des flèches empoisonnées [2], c'est peut-être
parce que ces dieux sont aussi désarmés que les
hommes devant une puissance suprême qui gouverne
tout l'univers. C'est ici que l'on retrouve la notion de
transcendance, indispensable à toute tragédie. Cette
figure, hiératique, « horrible », tantôt distraite et tantôt cruelle, n'est autre que la déesse grecque de la
Vengeance, ou de la Justice distributrice, Némésis.
C'est elle qui prépare la guerre des « raies » et des
« requins [3] » et « se ménage son festival » (p. 156).
Tout lui fait « signe », et c'est pourquoi « il n'est pas
très prudent d'avoir des dieux et des légumes trop
dorés [4] » ! « Tigre » visible ou invisible, déesse capri-
cieuse et lointaine, elle est le symbole de la tyrannie :
comme dans la tragédie antique et classique,
l'homme n'est donc qu'une victime piégée par le destin.

Le mythe, ainsi traité dans son aspect tragique, a
recueilli tous les suffrages de la critique contemporaine. Ceux qui voyaient en Giraudoux un précieux
un peu mièvre, prononcent enfin le mot de « gran-

1. *Je suis partout*, 7 décembre 1935.
2. « Je donnerais beaucoup pour consulter aussi les entrailles
des prêtres » (acte premier, scène IX, p. 97).
3. Image employée dans les brouillons pour marquer l'inégalité
entre les deux adversaires.
4. Acte II, scène XIII, p. 157. Voir aussi la note 1 de la page 56.

deur [1] ». « Tout au long du deuxième acte, écrit Pierre Brisson, un large souffle aère et vivifie le théâtre. [...] Il y a là des accents qui rendent un son définitif [2]. »

Mythe et fantaisie

Traitant d'un sujet tragique, Jean Giraudoux dit qu'il n'a pas voulu adopter le « ton de la tragédie [3] ». Si l'entreprise racinienne « consiste à bannir [...] le rire de la face humaine [4] », Giraudoux va au contraire, dans *La guerre de Troie n'aura pas lieu*, multiplier les rires et les sourires, du plus fin au plus grossier, et déployer avec joie tout l'éventail de la fantaisie.

La farce, la facilité, et même la grossièreté ne sont pas absentes de *La guerre de Troie n'aura pas lieu*. Dans *Troïlus et Cressida* de Shakespeare, Thersite résumait ainsi l'histoire d'Hélène : « All the argument is a cuckold and a whore [5]. » Deux mots tout à fait inhabituels dans le vocabulaire giralducien, et qui pourtant se retrouvent, l'un atténué dans la bouche d'Hector (« Ce mot qu'ils doivent tous redire en ce moment au mari trompé [6] »), l'autre directement, dans la bouche d'Oiax (« Moi je t'appelle beau-frère de pute [7] ! »).

Les foules troyennes s'en donnent à cœur joie lorsqu'il s'agit de l'amour-propre national (« La face arrogante et le cul plat, c'est tout grec [8]... ») ou de l'amour tout court (« Amène ta femme, et tu verras.

1. P.-A. Touchard, « Giraudoux ou la renaissance de la tragédie », *Dionysos. Apologie pour le théâtre*, éd. du Seuil, 1949, p. 171.
2. « La Tragédie moderne », *Du meilleur au pire*, Gallimard, 1937, pp. 116-117.
3. *La Liberté*, 21 novembre 1935.
4. Jean Giraudoux : « Racine », *Littérature*, Grasset, 1941, p. 40.
5. « Toute la discussion roule sur un cocu et une putain » (acte II, scène III).
6. Acte premier, scène IV, p. 69.
7. Acte II, scène IX, p. 137.
8. Acte II, scène XII, p. 146.

— Et ta grand-mère [1] ! ») — scènes d'excitation populaire rares dans l'œuvre de Giraudoux et d'autant plus inattendues qu'elles voisinent avec des tirades poétiques comme celle des « bouleaux frémissants [2] ».

La description des corps enlacés de Pâris et d'Hélène, sur le bateau, pendant la traversée, donne lieu à une véritable scène de voyeurisme : « Sujet scabreux, dit le petit classique Larousse, et franche sensualité de certaines répliques », mais aussi « effets comiques [3] ». Giraudoux aurait-il adopté ici la manière d'un Aristophane, avec sa truculence, et des réflexions libres et réalistes sur les hommes et les femmes, comme dans *Lysistrata* ? D'ailleurs Aristophane est aussi l'auteur d'une pièce sur la guerre — qui s'appelle *La Paix* ! — et dans laquelle ce symbole prend la forme d'un personnage féminin muet. Même indépendance d'esprit vis-à-vis du mythe chez les deux auteurs. Même liberté dans la création. Mais Aristophane choisit la grosse farce, les oracles macaroniques, les accessoires grotesques ; la pièce de Giraudoux a moins de fantaisie, et plus de tenue.

On peut être étonné de découvrir sous la plume d'un auteur qui fustige partout le réalisme [4] un croquis d'un naturalisme extrême, comme l'image de la guerre, vue par Hécube, comparée à un « cul de singe [5] ». La description, dans les versions primitives, était plus longue et plus horrible encore : « Quand l'hamadryas a grimpé au mancenillier, et se tourne, occupé à fourrager dans le trou comble des fientes de la huppe, et vous montre un fondement rouge glacé, ceint d'une perruque d'étoupe pisseuse et verte, c'est elle qu'on voit, c'est la guerre. » Après la description du visage, vient encore celle de la main : « Et parfois,

1. *Ibid.*, p. 147.
2. *Ibid.*, p. 149.
3. *Ibid.*, pp. 144-150. Voir Yves Morand, Nouveaux Classiques Larousse, p. 120.
4. Voir par exemple *L'Impromptu de Paris, Théâtre complet*, Pléiade, pp. 691-692.
5. Acte II, scène v, p. 125.

on voit une grande araignée de cinq doigts usés et poilus qui s'y tâtonne, qui s'y arrête, qui s'y caresse, et qui s'y desquame. [...] Elle y gratte les poux, les crottes, l'eczéma [1]. » Mais la fantaisie n'est jamais complaisance ni recherche volontaire d'un pittoresque répugnant — d'ailleurs le couplet disparaîtra du texte définitif —, elle se veut désir de détruire une image traditionnelle de la guerre : loin du visage de beauté prôné par Demokos, Hécube choisit pire encore que les « cheveux de Méduse », et les « lèvres de Gorgone » de la tradition : elle choisit la hideur à l'état pur.

Parfois la fantaisie prend la forme d'une critique, ou d'une satire légère. A la manière de Lucien de Samosate, qui se moque de Zeus et n'épargne pas les oracles, Giraudoux ridiculise Iris, la messagère des dieux, qui perd son écharpe, Aphrodite et Pallas qui délivrent des messages contradictoires, mais surtout Zeus qui fait aux hommes un chantage absurde et pose aux négociateurs un problème insoluble [2]. Chez Lucien déjà, dans les *Dialogues des dieux* — le vingtième est celui du jugement de Pâris [3] — ceux-ci se rendaient ridicules en dévoilant leurs propres défauts. Dans un des *Dialogues des morts* est posée la question des responsabilités respectives de Ménélas, de Pâris et de l'Amour, mais la responsable, est-il dit, est la Parque qui file le destin [4]. Achille, Ulysse et Ajax apparaissent dans les « Dialogues » XV et XXIX, et Hélène dans le « Dialogue » XVIII. Tous sont dépouillés de leur auréole : Achille envie tristement le sort d'un humble laboureur, et Hélène, « cette fleur passagère qui devait se faner promptement », n'est plus qu'un misérable crâne, squelette parmi les squelettes. Naturellement, Jean Giraudoux n'est pas allé

1. Texte de Dactylographie 3 d'après la note sur le texte, *Théâtre complet*, Pléiade, p. 1501.
2. Acte II, scène XII, p. 151.
3. Voir acte premier, scène IV, p. 72.
4. Dialogue XIX.

chercher son inspiration chez Lucien, mais il avait lu cette sorte de tragi-comédie de l'au-delà, il y a peut-être trouvé une manière de traiter la mythologie. Lucien met l'accent sur la vanité des ambitions humaines ; il montre les personnages, hommes et dieux, comme le dira Giraudoux, dans leur « intimité [1] » et il le fait avec esprit, brio, sans méchanceté, dans un style vivant et étincelant, avec une verve souriante.

Si la fantaisie correspond, dans l'imagination créatrice, à un écart par rapport à une référence, on pourrait dire que toute la littérature portant sur la matière de Troie — parce que les auteurs sont grecs — place l'histoire du côté grec. Même *Les Troyennes* d'Euripide montre le sort des vaincues et leur redistribution dans le camp des vainqueurs. La pièce de Giraudoux, au contraire, se situe délibérément à Troie et aborde le problème du côté troyen. Dans la littérature antique, les dieux faisaient partie du quotidien, dans l'*Iliade* ils se battent et prennent parti pour l'un ou l'autre camp, l'un ou l'autre personnage et, parfois, selon leurs caprices ou selon les offrandes reçues, ils changent de camp. Dans la vision moderne, presque privée de dieux, l'accent est mis sur les humains : les camps qui se forment ne sont plus seulement ceux des Troyens contre les Grecs, mais ceux des pacifistes contre les bellicistes, et surtout des femmes contre les hommes.

Giraudoux introduit la féerie dans la tragédie — moins assurément que dans la comédie d'*Intermezzo*, mais puisqu'il le dit, il faut le croire : « Je fais une grande place à l'atmosphère magique, à l'irréel [2]. » Sans doute fait-il allusion à l'apparition de la Paix, personnage surnaturel, et à Iris qui descend de sa « gloire ».

La fantaisie sert évidemment à divertir le spectateur, à le reposer entre des scènes graves : ainsi les

1. *Le Figaro*, 21 novembre 1935.
2. *La Liberté*, 21 novembre 1935.

vieillards essoufflés, qui montent et descendent les escaliers [1], forment un intermède comique au milieu du premier acte ; la scène du photographe se présente comme un clin d'œil au public [2], et celle des épithètes, comique [3], précède la fermeture solennelle des portes. L'auteur fait quelques concessions au théâtre de son temps — vaudeville et théâtre bourgeois sont à la mode — à moins qu'il ne s'en moque en le parodiant. *La guerre de Troie n'aura pas lieu,* par son sujet même (le trio habituel du mari, de la femme et de l'amant) suggère, comme dans les pièces d'Amiel, de Deval, de Bernstein, « un assemblage de belle-mère, de belles-sœurs, et de beau-père » et des histoires de famille où le jeune homme joue « le rôle du fils séducteur [4] ».

Giraudoux poète joue sur la musique et le rythme. La pièce, bâtie sur un mode de contrepoint musical, se présente comme une fantaisie chromatique. Les allusions musicales — comme le « duo avant l'orchestre » — étaient, dans les brouillons, encore plus explicites : « Oui. C'est justement le duo de la guerre dont je vous parle, ce duo de flûtes avant le déchaînement (corrigé en : fracas) de l'orchestre [5]. » Le langage joue en assonance musicale, pour souligner par exemple le lyrisme outré du Géomètre : « [Hélène] est notre baromètre, notre anémomètre ! Voilà ce qu'ils te disent les géomètres [6]. » Les énumérations présentent tout à coup des décalages amusants (« la gloire / et les rhumatismes », p. 84) ; « on aime sa verrue sur sa joue, sa taie dans son œil » (p. 64), mais cette fois, pour éviter le rire dans une tirade grave, l'incidente du milieu, « son nez mal mouché », fut supprimée. La référence au langage lui-même est constante depuis

1. Acte premier, scène V, p. 73.
2. Acte II, scène III, p. 109.
3. Acte II, scène IV, pp. 114-116.
4. Acte premier, scène VI, p. 85.
5. Acte II, scène XIII, p. 155. Néanmoins cette phrase est barrée sur le manuscrit. Voir aussi « sonner juste, sonner faux », note 1, p. 64.
6. Acte premier, scène VI, p. 78.

Siegfried : « C'est grammaticalement correct », reconnaît Demokos (p. 116) ; Hector se passerait du mot « délice » et même du mot « volupté », et Cassandre parle de « phrases négatives » (p. 56) et d'« affirmations » (p. 57).

Grâce à un système parodique — par référence, par exemple, au tableau *Suzanne et les vieillards* — à des citations déformées, à des définitions à l'emporte-pièce (la Grèce ? « c'est beaucoup de rois et de chèvres éparpillés sur du marbre », p. 89) ; et grâce surtout à des paradoxes riches de vérité (« Elles [les femmes] ne consentent qu'à la contrainte. Mais alors avec enthousiasme », p. 68), le public se sent interpellé, et très souvent complice.

Mythe et histoire

Les anachronismes [1] — qu'ils soient de mots (désignant principalement les armes, le vocabulaire marin, la géographie, ou des objets non encore inventés), d'expressions (empruntées au langage politique et diplomatique) ou des phrases (citations historiques ou littéraires, empruntées aux siècles futurs) — sont tous volontaires et fort nombreux, malgré une sorte de dénégation de l'auteur [2]. Ils permettent de franchir les siècles et de présenter aux spectateurs l'histoire à la fois dans son contexte primitif (vers 1170 av. J.-C.), dans un passé récent (1914-1918), dans l'actualité de 1935, et, bien sûr, dans l'éternité. Le diplomate — qui était peut-être un peu plus au courant de la politique du Quai d'Orsay que le Fran-

1. Voir « Principaux procédés stylistiques », Nouveaux Classiques Larousse, pp. 30-31, et Jean Labesse, « Les Anachronismes dans *La Guerre de Troie* », *op. cit.*, coll. Ellipses, pp. 44-51. Pour « Mythe et histoire », voir aussi les Repères historiques et biographiques, pp. 39-48, et les Notes en bas de page.

2. « Je ne nie pas m'être amusé à quelques-uns, mais il y en a moins qu'il ne peut sembler à première vue » (*Je suis partout*, 7 décembre 1935).

çais moyen — a eu le courage, au lieu de signer comme d'autres des manifestes [1], de poser sur la scène une grande question sans réponse : la fatalité de la guerre. Au moment où tout le monde se pose des questions — non sur Troie mais sur l'Allemagne vaincue de 1919 qui prépare sa revanche (Hitler a été élu chancelier du Reich, la Sarre a voté son retour à la Grande Allemagne, le fascisme italien qui attaque l'Éthiopie ne s'expose qu'à des sanctions tout à fait inopérantes de la Société des Nations) —, Giraudoux se défend devant les journalistes de faire « une pièce d'actualité [2] ». Cependant, il songe peut-être déjà à la phrase qu'il fera dire, en 1937, dans *L'Impromptu de Paris*, à Bogar et à Renoir : « Il doit bien y avoir pourtant un truc pour dire leur vérité aux gens ! [...] — La lettre anonyme ? — Non, son contraire, le Théâtre [3]. » L'anachronisme est donc un moyen — peut-être le seul — de se rapprocher et de s'éloigner à la fois du public et de l'actualité. Giraudoux n'est pas un pacifiste à tout prix [4] ; Hector n'est pas son porte-parole, tout simplement parce qu'un auteur dramatique n'a pas de porte-parole : il doit laisser parler tous ses personnages, puisque, si l'on en croit l'une de ses confidences à Marie-Hélène Dasté, pour faire du théâtre, « il suffit de dialoguer avec soi-même [5] ».

Conclusion

La guerre de Troie n'aura pas lieu a donc l'étoffe d'une tragédie, mais elle est comme parsemée d'éclats de comédie et de fantaisie. Elle comporte toute une série d'exercices de haute voltige. La fantaisie inter-

1. Voir note 1 p. 112.
2. *Je suis partout*, 7 décembre 1935.
3. *L'Impromptu de Paris, Théâtre complet*, Pléiade, p. 693.
4. Voir l'interview de Benjamin Crémieux, *op. cit.*, et la querelle autour du pacifisme et de la lâcheté, dans Claudel, *Journal*, tome II, Pléiade, p. 115.
5. G. Graumann, *op. cit.*, p. 27, et note 39 de la page 160.

vient à la fois dans la forme des thèmes et dans leur succession brusque, sans ordre logique ni dramaturgique. C'est ce qui fait que la pièce donne cette impression pailletée, étonnante, fugitive.

Les procédés fonctionnent tous comme des « signes » adressés au spectateur. Mais celui-ci évidemment ne peut en percevoir qu'un nombre limité : l'étudiant khâgneux sourira plus facilement en reconnaissant dans : « Abnéos, et toi Géomètre, et vous mes amis, si je vous ai convoqués ici avant l'heure [1] » l'entrée en matière de dialogues platoniciens ; un ancien combattant appréciera davantage une allusion aux défilés sous l'Arc de Triomphe, parmi les banderoles et les hymnes, quant au lecteur moyen, on peut lui conseiller, au lieu de chercher à « comprendre », de se rendre au spectacle tout simplement, et d'attendre le lendemain, car, a dit Giraudoux dans une tirade célèbre de *L'Impromptu de Paris* : « Demain [...] vous aurez en vous une poche d'air, vous sourirez aux anges, un horloger s'occupera à remonter dans votre cerveau les saisons et les heures, l'indignation et la douceur : c'est que la pièce était bonne. [...] Une pièce bien écrite, évidemment. Le style a passé sur les âmes froissées par la semaine comme le fer sur le linge ; elles sont toutes lisses [2]... »

Colette WEIL.

---

1. Acte II, scène IV, p. 112.
2. *Théâtre complet,* Pléiade, p. 709.

REPÈRES HISTORIQUES
ET BIOGRAPHIQUES
de 1882 à 1935 [1]

1882. — *29 octobre*. Naissance à Bellac de Hippolyte-*Jean* Giraudoux, deuxième fils de Léger (dit Léon) Giraudoux et d'Anne (dite Antoinette) Lacoste. « Ma ville natale est Bellac, Haute-Vienne. Je ne m'excuserai pas d'y être né. Je ne m'excuserai pas davantage [...] de n'avoir passé ma jeunesse que dans cinq villes dont aucune ne dépassait cinq mille habitants. [...] Le curriculum Bellac-Bessines-Pellevoisin-Cérilly-Cusset, qu'aucun voyage Cook ne prévoit. [...] »

1893-1900. — Élève boursier et interne, de la sixième au baccalauréat, au lycée de Châteauroux.

1894. — « Le Bal à l'Hôtel de Ville », chansonnette comique par M. Giraudoux, élève de 6ᵉ. Rédaction d'un journal *Jean et Jeanne* [2].

---

1. Nous empruntons la plupart des renseignements à la *Chronologie* de Jean Giraudoux publiée, dans *Œuvres romanesques complètes*, t. I, Bibliothèque de la Pléiade, Gallimard, 1990, pp. XLI à LXXV, par Jacques Body et Brett Dawson, que nous remercions ici tout particulièrement.

Nous nous limitons aux renseignements biographiques et historiques indispensables à la compréhension de la genèse et de l'interprétation de la pièce.

Les indications historiques sur les années 1934 et 1935 sont empruntées au *Monde contemporain* de J. Bouillon, P. Sorlin, J. Rudel (Collection d'Histoire, Bordas, 1963), au tableau proposé par J. Body dans *Un thème, trois œuvres. L'Histoire*, Belin, 1989, p. 1367, et à la thèse de Gunnar Graumann, *La guerre de Troie aura lieu — La préparation de la pièce de Giraudoux*, Lund, 1979.

2. Voir *Cahiers Jean Giraudoux*, n° 15.

1895. — *La Rosière des Chamignoux*, comédie inédite en deux actes, en vers [1].

1899. — Allocution prononcée par Jean Giraudoux, élève de rhétorique, au banquet de l'Association des anciens élèves du lycée (reproduite dans le *Journal du département de l'Indre*, le 2 avril 1899).

1900. — Bachelier, Jean Giraudoux quitte Châteauroux pour Paris. Boursier au lycée Lakanal de Sceaux (Hypokhâgne et Khâgne). Fréquente, pour ses sorties, la Comédie-Française, l'Odéon, le Vaudeville, le Théâtre Antoine.

1902. — *Juillet.* Prix d'excellence, 1er prix de composition française et d'histoire. Au Concours général, 1er prix de version grecque.
Reçu 13e (sur 21) à l'École Normale Supérieure de la rue d'Ulm.
7 novembre. Diffère d'un an son entrée à l'E.N.S. pour accomplir son service militaire. Incorporé au 98e R.I., il sera nommé caporal le 19 septembre 1903, sergent le 25 mars 1904.

1903. — *Novembre.* Se joint à l'École Normale à la promotion de 1903 (qui comprend, entre autres, Louis Séchan, Jérôme Carcopino). Se trouve en section de lettres.

1904. — *18 mai.* Joue dans *Le Passage de Vénus* de Meilhac et Halévy, pour la revue de l'École.
28 juillet. Reçu à la licence ès lettres, à la Sorbonne, mention bien. A présenté le « Déf »(initif) sur les *Odes pindariques* de Ronsard.
Novembre. Passe de la section des lettres dans la section d'allemand.
16 décembre. Le journal *Marseille-Étudiant* publie *Le Dernier Rêve d'Edmond About* (texte qui sera édité sous le titre *Premier Rêve signé*).

1905. — L'étudiant germaniste a obtenu une bourse de six trimestres. Séjour à Munich ; découverte de la liberté, après la vie close de l'internat (excursions, expositions, tennis, piscine, brasseries, fêtes wagnériennes). Université de Munich. Une carte de correspondant du *Figaro* lui permet d'assister gratuitement aux spectacles. Il devient le répétiteur de Paul

---

1. *Ibid.*

Morand ; débuts d'une amitié avec la famille Eugène Morand.

1906. — *15 janvier - 1er mai*. Second séjour à Munich.

Janvier. La revue *Athéna* publie *Trois Fragments* : « Écho — De mon banc — Rides ».

23 juin. Obtient, sans mention, le diplôme d'études supérieures de langues et littératures vivantes (allemand) avec un mémoire, rédigé hâtivement sur les *Festgesänge* de Platten.

4 août - 20 septembre. Voyage à Copenhague, Elseneur, Prague. et en Allemagne Hambourg, Lübeck, Berlin (19-25 août), Dresde, Munich (2-10 septembre), Berlin (11-17 septembre).

3 novembre. Retour à l'École Normale pour préparer l'agrégation d'allemand.

15 décembre. La revue *L'Ermitage* publie « De ma fenêtre » (qui paraîtra dans *Provinciales* en 1909).

1907. — *13 janvier*. Joue Mascarille dans *Les Précieuses ridicules*, à Paris, chez les cousins Toulouse.

24 mars - 16 avril. Séjour à Berlin.

Juillet. Échec à l'agrégation d'allemand (qu'il ne désire pas vraiment obtenir pour ne pas limiter sa vie à une carrière de professeur).

21 septembre. Départ pour les États-Unis (bourse Hyde d'un an à l'Université Harvard) : New York, Cambridge (Massachusetts). Donne des cours de français et reprépare (sans conviction) l'agrégation d'allemand.

1908. — *28 mars*. Retour par les Açores, Madère, Naples, Gênes.

15 mai. Entre à la rédaction du *Matin*. Prépare le concours des carrières diplomatiques.

Septembre ? Fréquente divers cafés littéraires et fait la connaissance d'un jeune éditeur de son âge, Bernard Grasset.

1909. — *Mai*. Parution du premier livre de Jean Giraudoux : *Provinciales*.

17-24 mai. Candidat au « grand concours » des Affaires étrangères, Jean Giraudoux est classé sixième, alors qu'il n'y a que cinq postes. Atteint par la limite d'âge, il ne pourra plus se présenter.

1910. — *6 juin*. Jean Giraudoux est reçu premier au concours des chancelleries, dit « petit concours ».

14 juin. Nommé élève vice-consul à la direction politique et commerciale du ministère des Affaires étrangères.

1911. — *Fin janvier.* Convoie la valise diplomatique jusqu'à Constantinople.

28 février. Publication de *L'École des indifférents,* son deuxième livre.

Mars. Paul Claudel attire sur Jean Giraudoux l'attention de Philippe Berthelot.

1912. — *23 février - 4 mars.* Convoie la valise diplomatique jusqu'à Berlin, Varsovie, Saint-Pétersbourg et Moscou.

15 septembre. Promu attaché au bureau d'étude de la presse étrangère.

1913. — *6 janvier.* Fait la connaissance, chez le peintre Camille-Léon Baragnon, de Suzanne Boland, épouse Pineau, mère de deux enfants (qui plus tard, après son divorce, deviendra Suzanne Giraudoux).

6 septembre. Jean Giraudoux est nommé vice-consul de 3e classe.

Novembre. Guillaume II juge « la guerre inévitable et nécessaire ».

1914. — *28 juin.* « L'incident » (à Sarajevo, l'archiduc François-Ferdinand est assassiné par un étudiant bosniaque). Ultimatum. Engrenage des alliances.

31 juillet. Déclaration de guerre de l'Allemagne à la Russie.

1er août. Mobilisation en France.

3 août. Déclaration de guerre de l'Allemagne à la France.

3 août. Jean Giraudoux est affecté à Roanne comme sergent au 298e R.I.

15-28 août. Campagne d'Alsace.

6 septembre. Proclamation de Joffre. Le 298e R.I. entre dans la bataille de la Marne.

10 septembre. Jean Giraudoux est cité à l'ordre du régiment.

16 septembre. Blessé à Vingré à la « hanche droite » (« à l'aine et sur l'Aisne »).

18 septembre. Hospitalisation à Fougères.

18-22 octobre. De Fougères à Bordeaux par Rennes, La Rochelle, Saintes (accompagné de Suzanne, qui l'a rejoint).

26 octobre. Hospitalisé et réopéré à Bordeaux.

25 novembre. Philippe Berthelot l'emmène en voiture à Paris.

6-31 décembre. Roanne. Permission à Cusset. Hôpital à Vichy. Avec Suzanne à Paris. A Roanne, affecté à l'instruction des recrues.

1915. — *Février.* Philippe Berthelot favorise son affectation au corps expéditionnaire d'Orient, en formation pour les Dardanelles.

4 mars. Sergent au 105e R.I. à Riom.

23 mars. Rejoint le 176e R.I. cantonné à Salon-de-Provence.

15 mai. Embarquement à Marseille pour Sedul-Bahr.

1er juin. Promu sous-lieutenant.

21 juin. Blessé à Sedul-Bahr, « plaie par schrapnells, tête humérale gauche » ; évacué sur Hyères après huit jours de « supplice » sur un bâteau-hôpital. « Ô toi, je hais qui t'aime et je hais qui te déteste ! [...] Ô guerre, pourquoi ne te passes-tu pas en nous-mêmes ? »

30 juin. Cité à l'ordre de l'armée : « Blessé une première fois au début du combat [...], a refusé de quitter la ligne de feu en disant à son commandant de compagnie : "Vous êtes seul au bataillon, je ne veux pas vous laisser." Blessé une seconde fois à vingt heures, ne s'est rendu au poste de secours que sur l'ordre de son commandant de compagnie » (Croix de guerre).

1er août. Nommé chevalier de la Légion d'honneur à titre militaire.

12 novembre. Après neuf semaines de soins à Hyères et à l'issue d'un congé de convalescence passé à Paris, Giraudoux est affecté au ministère de la Guerre, puis le 2 décembre au ministère des Affaires étrangères (bureau de la propagande intégré en 1916 à la Maison de la Presse créée par Philippe Berthelot). Outre sa blessure, il a depuis les Dardanelles des ennuis de santé (dysenterie, entérite) dont il souffrira toute sa vie.

1916. — *28 août - 18 novembre.* Participe à une mission militaire et diplomatique à Lisbonne.

1917. — *20 mars.* Chute du ministère Briand et commencement d'une éclipse pour Philippe Berthelot.

10 avril - 26 août. Giraudoux participe à New York à la « mission Harvard » (formation et encadrement de volontaires).

Retour en France pour raisons de santé.

Novembre. Parution de *Lectures pour une ombre* (récits de guerre) aux éditions Émile-Paul.

8 décembre. Hospitalisé à Paris.

1918. — *13 janvier - 13 février.* Hospitalisé à Pau.

1ᵉʳ août - 12 novembre. Hospitalisé à Paris.

29 septembre. Parution de *Amica América.*

10 octobre. Parution de *Simon le Pathétique.*

1919. — *22 janvier.* Mis à la disposition du ministre des Affaires étrangères.

29 mars. Démobilisé par le 26ᵉ B.C. « Guerre, tu es finie ! Voilà que je reprends ma vraie distance de la mort. »

1ᵉʳ mai. Reçu deuxième au concours de classement, il accède au grand corps avec le grade de secrétaire d'ambassade de 3ᵉ classe.

25 août. Parution d'*Elpénor* (« Le matelot » qui « ne se distingua jamais, ni par sa valeur, ni par sa prudence », Homère, *Odyssée,* chant X).

29 décembre. Naissance, à Paris, de Jean-Pierre Giraudoux.

1920. — *20 février.* Mort de Léon Giraudoux.

Août. Parution de *Adorable Clio* qui contient « Dardanelles » (« Pardonne-moi, ô guerre, de t'avoir — toutes les fois où je l'ai pu — caressée... »).

1921. — *Janvier.* Aristide Briand succède à Leygues aux Affaires étrangères.

Juin. Parution de *Suzanne et le Pacifique.*

1ᵉʳ juillet. Jean Giraudoux est promu secrétaire d'ambassade de 2ᵉ classe.

6 novembre. Il est nommé chef de service des Œuvres françaises à l'étranger.

25 décembre. Démission de Philippe Berthelot, secrétaire général du ministère des Affaires etrangères, mis en cause dans l'affaire de la Banque industrielle de Chine.

1922. — *11 janvier.* Briand démissionne à son tour ; l'ère Poincaré commence au Quai d'Orsay.

14 janvier. Poincaré s'engage dans une politique de fermeté à l'égard de l'Allemagne.

16 mars. Traduit devant le conseil de discipline du ministère des Affaires étrangères présidé par Poincaré, Philippe Berthelot est mis en « non-activité » pour dix ans. (Il sera amnistié en 1925.)

28 octobre. Jean Giraudoux obtient le prix Balzac pour *Siegfried et le Limousin* (le prix est partagé avec Émile Baumann).

1923. — *31 août*. Achevé d'imprimer de la *Prière sur la tour Eiffel* qui sera insérée dans *Juliette au pays des hommes*.

1924. — *7 mai*. Jean Giraudoux est nommé secrétaire d'ambassade à Berlin.
11 mai. Chute du ministère Poincaré.
14 juin. Formation du cabinet Herriot.
31 octobre. Jean Giraudoux est nommé chef de service d'information et de presse au Quai d'Orsay.

1925. — *5 avril*. Il est promu secrétaire d'ambassade de 1ʳᵉ classe.
Publication du livre d'Adolf Hitler, *Mein Kampf* (« Mon Combat »).
2 octobre. Départ de Briand et de la délégation française pour Locarno.
2-19 octobre. Conférence de Locarno — station touristique du Tessin, sur le lac Majeur —, dirigée par Briand et Stresemann. Accord signé par la France, la Belgique, l'Angleterre, l'Allemagne et l'Italie, en vue du maintien de la paix.

1926. — *13 janvier*. Jean Giraudoux est promu officier de la Légion d'honneur.
14 janvier. Parution de *Bella* (« roman à clefs » ou « satire politique » ?). Les contemporains y reconnaissent dans le personnage de Rebendart (celui qui « fait des discours hebdomadaires aux morts ») Poincaré et dans celui de Dubardeau, Berthelot.
31 décembre. Jean Giraudoux est placé hors cadre, mis à la disposition de la Commission d'évaluation des dommages alliés en Turquie. Il y restera sept ans, dans un bureau un peu relégué à l'écart, et y écrira son œuvre sur le papier à en-tête de cette Commission.

1927. — *18 mai*. Parution d'*Églantine*.
Juin ou juillet. Première rencontre avec Louis Jouvet, au parc Montsouris, à l'initiative de Bernard Zimmer (déjeuner).

1928. — *15 février*. Lecture de *Siegfried* à la Comédie des Champs-Élysées. La veille de la générale, Jouvet dit à B. Zimmer et à sa femme : « Ça ne fera pas un rond ! Mais ce sera l'honneur de ma vie d'avoir monté c'te pièce ! »

3 mai. Première, triomphale, de *Siegfried* (Jouvet joue le rôle de Fontgeloy). La pièce aura en tout 302 représentations, dont 243 jusqu'au 27 janvier 1929. « L'arrivée au théâtre de M. Jean Giraudoux est un événement qui aura des répercussions profondes sur le mouvement dramatique actuel » (André Antoine).

1929. — *8 novembre.* Première d'*Amphitryon 38* (au total 254 représentations, dont 18 en tournée).

1930. — *2ᵉ trimestre.* Parution des *Aventures de Jérôme Bardini.*
9-28 octobre. Voyage en Grèce (Athènes, mont Athos, théâtre de Delphes).

1931. — *13 avril.* Reprise de *Siegfried* (Louis Jouvet joue le rôle de Zelten).
5 novembre. Première de *Judith* au Théâtre Pigalle (au total 61 représentations, dont 16 en tournée).

1932. — *Mars.* Mort d'Aristide Briand, dont on trouvera le portrait affectueux, et la mort, transposés, dans *Combat avec l'ange*, sous le nom du président Brossard.
10 juin-19 décembre. Jean Giraudoux, chargé de mission au cabinet d'Édouard Herriot, accompagne ce dernier à la conférence de Lausanne.
16 juin. Ouverture de la conférence. La France, isolée, doit consentir à la « suppression des réparations » dues par l'Allemagne.

1933. — *30 janvier.* Hitler est nommé chancelier du Reich.
1ᵉʳ mars. Première d'*Intermezzo* à la Comédie des Champs-Élysées (au total 116 représentations).
23 mars. Hitler obtient, pour quatre ans, les pleins pouvoirs.
26 avril. Jean Giraudoux est nommé ministre plénipotentiaire de 2ᵉ classe, toujours hors cadre.
Mussolini dit : « A la fin, sa majesté le canon parlera. » Il entreprend un effort d'armement et une mobilisation des fascistes autour des revendications nationales. L'Allemagne accélère le réarmement clandestin.
14 octobre. L'Allemagne se retire de la Société des Nations.

1934. — *3 février.* Incidents à la Comédie-Française *(Coriolan).* Le gouvernement Daladier « démissionne » le préfet de police Chiappe.
6 février. Émeutes dans la rue, la police tire.
3 mai. Parution de *Combat avec l'ange* (qui pose,

avant *La Guerre de Troie*, la question du pacifisme).

1ᵉʳ juillet. Jean Giraudoux est nommé inspecteur général des postes diplomatiques et consulaires.

25 juillet. Assassinat à Vienne du chancelier Dollfuss.

2 août. Hitler est plébiscité « Reichsführer ».

9 octobre. Louis Jouvet inaugure la direction du Théâtre de l'Athénée avec une reprise d'*Amphitryon 38*.

9 octobre. Le ministre des Affaires étrangères, Louis Barthou, est assassiné à Marseille.

14 novembre. Première de *Tessa* au Théâtre de l'Athénée (au total 298 représentations, dont 11 en tournée).

25 novembre. Jean Giraudoux assiste à l'enterrement de Philippe Berthelot.

Décembre. Mussolini est déterminé à trancher la question éthiopienne par la force. Un grave incident (30 tués), à la frontière de l'Abyssinie, colonie italienne, et de l'Éthiopie, lui en fournit le prétexte.

1935. — *7 janvier*. Entretiens de Rome. Pierre Laval, successeur de Barthou, qui recherche une détente avec l'Allemagne, donne carte blanche à Mussolini pour l'annexion de l'Éthiopie « à condition qu'il n'y ait pas la guerre ». Il s'attache à rapprocher la France de l'Italie.

13 janvier. La Sarre vote son rattachement au Reich par 90 p. 100 des suffrages.

16 mars. Le Führer annonce le rétablissement du service militaire obligatoire en Allemagne, violant ainsi une des clauses capitales du Traité de Versailles.

11-16 avril. Conférence de Stresa, sur les terrasses d'Isola Bella (lac Majeur). En riposte au réarmement allemand, la France, l'Italie et la Grande-Bretagne réaffirment leur accord.

21 avril. Mussolini déclare dans *Le Figaro* : « Il n'y aura pas de guerre cette année. »

20 mai - 14 juillet. Grand voyage d'inspection de Jean Giraudoux au Proche-Orient. Il a remis à Louis Jouvet une première version de *La guerre de Troie n'aura pas lieu*, intitulée *Prélude des préludes — préface à l'Iliade*.

10 août. Jean Giraudoux signe avec l'éditeur Grasset un contrat pour la publication d'une pièce intitulée *Hélène* (la future *Guerre de Troie*...).

15-18 août. Conférence tripartite (France/Grande-Bretagne/Italie) sur l'affaire éthiopienne.

21 août. Un arbitre neutre est désigné dans le conflit italo-éthiopien. Il s'agit d'un Grec, M. Politis, auteur d'un traité, *La Neutralité et la Paix.*

3 septembre. La S.D.N. rend son « jugement » dans l'affaire éthiopienne.

13 septembre. Au Théâtre de l'Athénée, Jean Giraudoux lit *La guerre de Troie n'aura pas lieu* (deuxième version : *Prélude*) devant les interprètes.

Septembre-octobre. Il ajoute à la pièce la scène de Busiris, l'expert » neutre » (acte II, scène v).

3 octobre. L'Italie attaque l'Éthiopie (le 9 mai 1936 elle l'annexera).

21 novembre. André-François Poncet, ambassadeur à Berlin, informe le gouvernement français qu'Hitler est décidé à remilitariser la Rhénanie.

22 novembre. Première de *La guerre de Troie n'aura pas lieu,* et non en date du 21, comme annoncé (au total 255 représentations dont 8 en tournée). La pièce est jouée avec *Supplément au voyage de Cook* (au total 195 représentations).

PERSONNAGES

ANDROMAQUE	Mmes	Falconetti.
HÉLÈNE		Madeleine Ozeray.
HÉCUBE		Paule Andral.
CASSANDRE		Marie-Hélène Dasté.
LA PAIX		Andrée Servilanges.
IRIS		Odette Stuart.
SERVANTES ET TROYENNES		Lisbeth Clairval. Gilberte Géniat. Jacqueline Morane.
LA PETITE POLYXÈNE		Véra Pharès.
HECTOR	MM.	Louis Jouvet.
ULYSSE		Pierre Renoir.
DEMOKOS		Romain Bouquet.
PRIAM		Robert Bogar.
PÂRIS		José Noguero.
OIAX		Pierre Morin.
BUSIRIS		Auguste Boverio.
LE GABIER		Alfred Adam.
LE GÉOMÈTRE		Maurice Castel.
ABNÉOS		André Moreau.
TROÏLUS		Bernard Lancrey.
OLPIDÈS		Jacques Terry.
VIEILLARDS		Paul Menager. Henry Libéré. Henri Saint-Isles.
MESSAGERS		Yves Gladine Jacques Perrin.

*Musique de scène composée pour la pièce
par Maurice Jaubert.*

*LA GUERRE DE TROIE N'AURA PAS LIEU a été représentée
pour la première fois le 22 novembre 1935 au Théâtre de
l'Athénée, sous la direction de Louis Jouvet.*

Pour toute représentation, le théâtre doit demander
le texte définitivement établi pour la scène.

LA GUERRE DE TROIE
N'AURA PAS LIEU

PREMIER ACTE

Terrasse d'un rempart dominé par une terrasse
et dominant d'autres remparts.

Scène première

ANDROMAQUE, CASSANDRE,
UNE JEUNE SERVANTE

ANDROMAQUE : La guerre de Troie n'aura pas lieu, Cassandre !

CASSANDRE : Je te tiens un pari, Andromaque.

ANDROMAQUE : Cet envoyé des Grecs a raison. On va bien le recevoir. On va bien lui envelopper sa petite Hélène, et on la lui rendra.

CASSANDRE : On va le recevoir grossièrement. On ne lui rendra pas Hélène. Et la guerre de Troie aura lieu.

ANDROMAQUE : Oui, si Hector n'était pas là !... Mais il arrive, Cassandre, il arrive ! Tu entends assez ses trompettes... En cette minute, il entre dans la ville, victorieux. Je pense qu'il aura son mot à dire. Quand il est parti, voilà trois mois, il m'a juré que cette guerre était la dernière [1].

CASSANDRE : C'était la dernière. La suivante l'attend.

ANDROMAQUE : Cela ne te fatigue pas de ne voir et de ne prévoir que l'effroyable ?

CASSANDRE : Je ne vois rien, Andromaque. Je ne prévois rien. Je tiens seulement compte de deux bêtises, celle des hommes et celle des éléments.

ANDROMAQUE : Pourquoi la guerre aurait-elle lieu ?

1. Allusion à l'expression « la der des der », formule utilisée en 1914-1918.

Pâris ne tient plus à Hélène. Hélène ne tient plus à Pâris.

CASSANDRE : Il s'agit bien d'eux !

ANDROMAQUE : Il s'agit de quoi ?

CASSANDRE : Pâris ne tient plus à Hélène ! Hélène ne tient plus à Pâris ! Tu as vu le destin s'intéresser à des phrases négatives [1] ?

ANDROMAQUE : Je ne sais pas ce qu'est le destin.

CASSANDRE : Je vais te le dire. C'est simplement la forme accélérée du temps. C'est épouvantable.

ANDROMAQUE : Je ne comprends pas les abstractions.

CASSANDRE : A ton aise. Ayons recours aux métaphores. Figure-toi un tigre. Tu la comprends, celle-là ? C'est la métaphore pour jeunes filles. Un tigre qui dort.

ANDROMAQUE : Laisse-le dormir.

CASSANDRE : Je ne demande pas mieux. Mais ce sont les affirmations qui l'arrachent à son sommeil. Depuis quelque temps, Troie en est pleine.

ANDROMAQUE : Pleine de quoi ?

CASSANDRE : De ces phrases qui affirment que le monde et la direction du monde appartiennent aux hommes en général, et aux Troyens ou Troyennes en particulier...

ANDROMAQUE : Je ne te comprends pas.

---

1. Voir également p. 56 : « Ce sont les affirmations qui l'arrachent à son sommeil » ; p. 57 : « Jusqu'au lavoir qui affirme » ; p. 58 : « Tu parles trop. Le destin s'agite. [...] »
Toutes ces allusions peuvent s'expliquer par une référence à la notion de la Némésis antique, la divinité suprême du Partage, jalouse de ses privilèges, qui règne au-dessus des hommes et des dieux, et qui n'admet pas que quelques individus, dans l'humanité croupissante, sortent la tête du lot anonyme par ὕβρις ou excès (d'orgueil, ou de bonheur). Tout ce qui dépasse « fait signe », comme dans *Amphitryon 38* (acte II, scène V, l. 28-29, Pléiade, p. 159) ou dans *Électre* (acte premier, scène III, pp. 609 à 613). Voir aussi, sur le thème du « signe », la Préface, pp. 11 et 37 et les Commentaires, p. 170 ; sur le thème de la Némésis, la Préface, p. 29.

CASSANDRE : Hector en cette heure rentre dans Troie ?

ANDROMAQUE : Oui. Hector en cette heure revient à sa femme.

CASSANDRE : Cette femme d'Hector va avoir un enfant [1] ?

ANDROMAQUE : Oui, je vais avoir un enfant.

CASSANDRE : Ce ne sont pas des affirmations, tout cela ?

ANDROMAQUE : Ne me fais pas peur, Cassandre.

UNE JEUNE SERVANTE, qui passe avec du linge : Quel beau jour, maîtresse !

CASSANDRE : Ah ! oui ? Tu trouves ?

LA JEUNE SERVANTE, qui sort : Troie touche aujourd'hui son plus beau jour de printemps.

CASSANDRE : Jusqu'au lavoir qui affirme !

ANDROMAQUE : Oh ! justement, Cassandre ! Comment peux-tu parler de guerre en un jour pareil ? Le bonheur tombe sur le monde !

CASSANDRE : Une vraie neige.

ANDROMAQUE : La beauté aussi. Vois ce soleil. Il s'amasse plus de nacre sur les faubourgs de Troie qu'au fond des mers. De toute maison de pêcheur, de tout arbre sort le murmure des coquillages. Si jamais il y a eu une chance de voir les hommes trouver un moyen pour vivre en paix, c'est aujourd'hui... Et pour qu'ils soient modestes... Et pour qu'ils soient immortels...

CASSANDRE : Oui, les paralytiques qu'on a traînés devant les portes se sentent immortels.

ANDROMAQUE : Et pour qu'ils soient bons !... Vois ce cavalier de l'avant-garde se baisser sur l'étrier pour caresser un chat dans ce créneau... Nous sommes peut-être aussi au premier jour de l'entente entre l'homme et les bêtes.

---

1. Il s'agit bien évidemment d'Astyanax, qu'Hector nomme Scamandrios (*Iliade*, chant VI, v. 402-403), enfant qui va servir d'instrument de chantage dans l'*Andromaque* de Racine.

CASSANDRE : Tu parles trop. Le destin s'agite, Andromaque !

ANDROMAQUE : Il s'agite dans les filles qui n'ont pas de mari. Je ne te crois pas.

CASSANDRE : Tu as tort. Ah ! Hector rentre dans la gloire chez sa femme adorée !... Il ouvre un œil... Ah ! Les hémiplégiques se croient immortels sur leurs petits bancs !... Il s'étire... Ah ! Il est aujourd'hui une chance pour que la paix s'installe sur le monde !... Il se pourlèche... Et Andromaque va avoir un fils ! Et les cuirassiers se baissent maintenant sur l'étrier pour caresser les matous dans les créneaux !... Il se met en marche !

ANDROMAQUE : Tais-toi !

CASSANDRE : Et il monte sans bruit les escaliers du palais. Il pousse du mufle les portes... Le voilà... Le voilà...

LA VOIX D'HECTOR : Andromaque !

ANDROMAQUE : Tu mens !... C'est Hector !

CASSANDRE : Qui t'a dit autre chose ?

Scène deuxième

ANDROMAQUE, CASSANDRE, HECTOR

ANDROMAQUE : Hector !

HECTOR : Andromaque !... *(Ils s'étreignent.)* A toi aussi bonjour, Cassandre ! Appelle-moi Pâris, veux-tu. Le plus vite possible. *(Cassandre s'attarde.)* Tu as quelque chose à me dire ?

ANDROMAQUE : Ne l'écoute pas !... Quelque catastrophe !

HECTOR : Parle !

CASSANDRE : Ta femme porte un enfant.

Scène troisième

ANDROMAQUE, HECTOR, puis CASSANDRE

Il l'a prise dans ses bras, l'a amenée au banc de pierre,
s'est assis près d'elle. Court silence.

HECTOR : Ce sera un fils, une fille ?

ANDROMAQUE : Qu'as-tu voulu créer en l'appelant ?

HECTOR : Mille garçons... Mille filles...

ANDROMAQUE : Pourquoi ? Tu croyais étreindre
mille femmes ?... Tu vas être déçu. Ce sera un fils, un
seul fils.

HECTOR : Il y a toutes les chances pour qu'il en soit
un... Après les guerres, il naît plus de garçons que de
filles.

ANDROMAQUE : Et avant les guerres ?

HECTOR : Laissons les guerres, et laissons la
guerre... Elle vient de finir. Elle t'a pris un père, un
frère, mais ramené un mari [1].

ANDROMAQUE : Elle est trop bonne. Elle se rattrapepera.

HECTOR : Calme-toi. Nous ne lui laisserons plus
l'occasion. Tout à l'heure, en te quittant, je vais solen-

---

1. Dans l'*Iliade*, Andromaque se plaint à Hector de n'avoir plus
de père ni de mère et dit que ses sept frères ont été abattus en un
seul jour par le divin Achille (chant VI, v. 413-414 et 421-423).
Peut-être y a-t-il ici un souvenir du vers célèbre des adieux :
« Hector, tu es pour moi tout ensemble un père, une digne mère ;
pour moi tu es un frère autant qu'un jeune époux » (chant VI,
v. 429-430).

nellement, sur la place, fermer les portes de la guerre [1]. Elles ne s'ouvriront plus.

ANDROMAQUE : Ferme-les. Mais elles s'ouvriront.

HECTOR : Tu peux même nous dire le jour !

ANDROMAQUE : Le jour où les blés seront dorés et pesants [2], la vigne surchargée, les demeures pleines de couples.

HECTOR : Et la paix à son comble, sans doute ?

ANDROMAQUE : Oui. Et mon fils robuste et éclatant.

Hector l'embrasse.

HECTOR : Ton fils peut être lâche. C'est une sauvegarde.

ANDROMAQUE : Il ne sera pas lâche [3]. Mais je lui aurai coupé l'index de la main droite [4].

HECTOR : Si toutes les mères coupent l'index droit de leur fils, les armées de l'univers se feront la guerre sans index... Et si elles lui coupent la jambe droite, les armées seront unijambistes... Et si elles lui crèvent les yeux, les armées seront aveugles, mais il y aura des armées, et dans la mêlée elles se chercheront le défaut de l'aine, ou la gorge, à tâtons [5]...

---

1. Les portes du temple de Janus, ouvertes ou fermées, signifiaient la guerre ou la paix, mais à Rome...

2. En général, les déclarations de guerre se faisaient après la moisson, pour que les soldats puissent quitter leur famille, les travaux achevés (28 juillet, 6 août, 23 août 1914 et 3 septembre 1939).

3. Allusion à la scène des adieux d'Hector et d'Andromaque : celui-ci prend son fils dans ses bras et demande à Zeus et à tous les dieux « que (s)on fils, comme (lui) se distingue entre les Troyens [...] » et « qu'un jour l'on dise de lui : il est encore plus vaillant que son père, quand il rentrera du combat » (*Iliade*, chant VI, v. 476-480).

4. Allusion aux mutilations volontaires des poilus (pour se faire réformer).

5. Le même croquis peut avoir un effet comique ou tragique. A la création, H. Charasson note que lorsqu'on lit cette tirade des armées unijambistes ou aveugles, on la trouve « émouvante à cause du sens, mais qu'au théâtre même, on riait à cause de la fantaisie » (*La Dépêche d'Alger*, 1er et 2 septembre 1935).

ANDROMAQUE : Je le tuerai plutôt.

HECTOR : Voilà la vraie solution maternelle des guerres.

ANDROMAQUE : Ne ris pas. Je peux encore le tuer avant sa naissance.

HECTOR : Tu ne veux pas le voir une minute, juste une minute ? Après, tu réfléchiras... Voir ton fils ?

ANDROMAQUE : Le tien seul m'intéresse. C'est parce qu'il est de toi, c'est parce qu'il est toi que j'ai peur. Tu ne peux t'imaginer combien il te ressemble. Dans ce néant où il est encore, il a déjà apporté tout ce que tu as mis dans notre vie courante. Il y a tes tendresses, tes silences. Si tu aimes la guerre, il l'aimera... Aimes-tu la guerre ?

HECTOR : Pourquoi cette question ?

ANDROMAQUE : Avoue que certains jours tu l'aimes.

HECTOR : Si l'on aime ce qui vous délivre de l'espoir, du bonheur, des êtres les plus chers...

ANDROMAQUE : Tu ne crois pas si bien dire... On l'aime.

HECTOR : Si l'on se laisse séduire par cette petite délégation que les dieux vous donnent à l'instant du combat...

ANDROMAQUE : Ah ? Tu te sens un dieu, à l'instant du combat ?

HECTOR : Très souvent moins qu'un homme... Mais parfois, à certains matins, on se relève du sol allégé, étonné, mué. Le corps, les armes ont un autre poids, sont d'un autre alliage. On est invulnérable. Une tendresse vous envahit, vous submerge, la variété de tendresse des batailles : on est tendre parce qu'on est impitoyable ; ce doit être en effet la tendresse des dieux. On avance vers l'ennemi lentement, presque distraitement, mais tendrement. Et l'on évite d'écraser aussi le scarabée. Et l'on chasse le moustique sans l'abattre. Jamais l'homme n'a plus respecté la vie sur son passage...

ANDROMAQUE : Puis l'adversaire arrive ?...

HECTOR : Puis l'adversaire arrive, écumant, terrible. On a pitié de lui, on voit en lui, derrière sa bave et

ses yeux blancs, toute l'impuissance et tout le dévoue-
ment du pauvre fonctionnaire humain qu'il est, du
pauvre mari et gendre, du pauvre cousin germain, du
pauvre amateur de raki et d'olives qu'il est. On a de
l'amour pour lui. On aime sa verrue sur sa joue, sa taie
dans son œil. On l'aime... Mais il insiste... Alors on le
tue.

ANDROMAQUE : Et l'on se penche en dieu sur ce
pauvre corps ; mais on n'est pas dieu, on ne rend pas
la vie.

HECTOR : On ne se penche pas. D'autres vous attendent. D'autres avec leur écume et leurs regards de
haine. D'autres pleins de famille, d'olives, de paix.

ANDROMAQUE : Alors on les tue ?

HECTOR : On les tue. C'est la guerre.

ANDROMAQUE : Tous, on les tue ?

HECTOR : Cette fois nous les avons tués tous. A
dessein. Parce que leur peuple était vraiment la race
de la guerre, parce que c'est par lui que la guerre
subsistait et se propageait en Asie. Un seul a échappé.

ANDROMAQUE : Dans mille ans, tous les hommes
seront les fils de celui-là. Sauvetage inutile
d'ailleurs... Mon fils aimera la guerre, car tu l'aimes.

HECTOR : Je crois plutôt que je la hais... Puisque je
ne l'aime plus.

ANDROMAQUE : Comment arrive-t-on à ne plus
aimer ce que l'on adorait ? Raconte. Cela m'intéresse.

HECTOR : Tu sais, quand on a découvert qu'un ami
est menteur ? De lui tout sonne faux [1] alors, même ses
vérités... Cela semble étrange à dire, mais la guerre
m'avait promis la bonté, la générosité, le mépris des
bassesses. Je croyais lui devoir mon ardeur et mon
goût à vivre, et toi-même... Et jusqu'à cette dernière
campagne, pas un ennemi que je n'aie aimé...

---

1. Noter l'importance de la « note juste », comme celle des
diapasons du Droguiste dans *Intermezzo* (acte II, scène v).
Pour la métaphore filée, sorte de notation musicale de la guerre
dans les tirades d'Hector (pp. 64 à 66), et sur l'art de la tirade
elle-même, voir Commentaires, p. 170.

ANDROMAQUE : Tu viens de le dire : on ne tue bien que ce qu'on aime.

HECTOR : Et tu ne peux savoir comme la gamme de la guerre était accordée pour me faire croire à sa noblesse. Le galop nocturne des chevaux, le bruit de vaisselle à la fois et de soie que fait le régiment d'hoplites se frottant contre votre tente, le cri du faucon au-dessus de la compagnie étendue et aux aguets, tout avait sonné jusque-là si juste, si merveilleusement juste...

ANDROMAQUE : Et la guerre a sonné faux, cette fois ?

HECTOR : Pour quelle raison ? Est-ce l'âge ? Est-ce simplement cette fatigue du métier dont parfois l'ébéniste sur son pied de table se trouve tout à coup saisi, qui un matin m'a accablé, au moment où penché sur un adversaire de mon âge, j'allais l'achever ? Auparavant ceux que j'allais tuer me semblaient le contraire de moi-même. Cette fois j'étais agenouillé sur un miroir. Cette mort que j'allais donner, c'était un petit suicide. Je ne sais ce que fait l'ébéniste dans ce cas, s'il jette sa varlope, son vernis, ou s'il continue... J'ai continué. Mais de cette minute, rien n'est demeuré de la résonance parfaite. La lance qui a glissé contre mon bouclier a soudain sonné faux, et le choc du tué contre la terre, et, quelques heures plus tard, l'écroulement des palais. Et la guerre d'ailleurs a vu que j'avais compris. Et elle ne se gênait plus... Les cris des mourants sonnaient faux... J'en suis là.

ANDROMAQUE : Tout sonnait juste pour les autres.

HECTOR : Les autres sont comme moi. L'armée que j'ai ramenée hait la guerre.

ANDROMAQUE : C'est une armée à mauvaises oreilles.

HECTOR : Non. Tu ne saurais t'imaginer combien soudain tout a sonné juste pour elle, voilà une heure, à la vue de Troie. Pas un régiment qui ne se soit arrêté d'angoisse à ce concert. Au point que nous n'avons osé entrer durement par les portes, nous nous sommes répandus en groupe autour des murs... C'est la seule tâche digne d'une vraie armée : faire le siège paisible de sa patrie ouverte.

ANDROMAQUE : Et tu n'as pas compris que c'était là la pire fausseté ! La guerre est dans Troie, Hector ! C'est elle qui vous a reçus aux portes. C'est elle qui me donne à toi ainsi désemparée, et non l'amour.

HECTOR : Que racontes-tu là ?

ANDROMAQUE : Ne sais-tu donc pas que Pâris a enlevé Hélène ?

HECTOR : On vient de me le dire... Et après ?

ANDROMAQUE : Et que les Grecs la réclament ? Et que leur envoyé arrive aujourd'hui ? Et que si on ne la rend pas, c'est la guerre ?

HECTOR : Pourquoi ne la rendrait-on pas ? Je la rendrai moi-même.

ANDROMAQUE : Pâris n'y consentira jamais.

HECTOR : Pâris m'aura cédé dans quelques minutes. Cassandre me l'amène.

ANDROMAQUE : Il ne peut te céder. Sa gloire, comme vous dites, l'oblige à ne pas céder. Son amour aussi, comme il dit, peut-être.

HECTOR : C'est ce que nous allons voir. Cours demander à Priam s'il peut m'entendre à l'instant, et rassure-toi. Tous ceux des Troyens qui ont fait et peuvent faire la guerre ne veulent pas la guerre.

ANDROMAQUE : Il reste tous les autres.

CASSANDRE : Voilà Pâris.

Andromaque disparaît.

Scène quatrième

CASSANDRE, HECTOR, PÂRIS

HECTOR : Félicitations, Pâris. Tu as bien occupé notre absence.

PÂRIS : Pas mal. Merci.

HECTOR : Alors ? Quelle est cette histoire d'Hélène ?

PÂRIS : Hélène est une très gentille personne. N'est-ce pas, Cassandre ?

CASSANDRE : Assez gentille.

PÂRIS : Pourquoi ces réserves, aujourd'hui ? Hier encore tu disais que tu la trouvais très jolie.

CASSANDRE : Elle est très jolie, mais assez gentille.

PÂRIS : Elle n'a pas l'air d'une gentille petite gazelle ?

CASSANDRE : Non.

PÂRIS : C'est toi-même qui m'as dit qu'elle avait l'air d'une gazelle !

CASSANDRE : Je m'étais trompée. J'ai revu une gazelle depuis.

HECTOR : Vous m'ennuyez avec vos gazelles ! Elle ressemble si peu à une femme que cela ?

PÂRIS : Oh ! Ce n'est pas le type de femme d'ici, évidemment.

CASSANDRE : Quel est le type de femme d'ici ?

PÂRIS : Le tien, chère sœur. Un type effroyablement peu distant.

CASSANDRE : Ta Grecque est distante en amour ?

PÂRIS : Écoute parler nos vierges !... Tu sais parfai-

tement ce que je veux dire. J'ai assez des femmes
asiatiques. Leurs étreintes sont de la glu, leurs baisers
des effractions, leurs paroles de la déglutition. A
mesure qu'elles se déshabillent, elles ont l'air de revê-
tir un vêtement plus chamarré que tous les autres, la
nudité, et aussi, avec leurs fards, de vouloir se décal-
quer sur vous. Et elles se décalquent. Bref, on est
terriblement avec elles... Même au milieu de mes
bras, Hélène est loin de moi.

HECTOR : Très intéressant ! Mais tu crois que cela
vaut une guerre, de permettre à Pâris de faire l'amour
à distance ?

CASSANDRE : Avec distance... Il aime les femmes
distantes, mais de près.

PÂRIS : L'absence d'Hélène dans sa présence vaut
tout.

HECTOR : Comment l'as-tu enlevée ? Consentement
ou contrainte ?

PÂRIS : Voyons, Hector ! Tu connais les femmes
aussi bien que moi. Elles ne consentent qu'à la
contrainte. Mais alors avec enthousiasme.

HECTOR : A cheval ? Et laissant sous ses fenêtres cet
amas de crottin qui est la trace des séducteurs ?

PÂRIS : C'est une enquête ?

HECTOR : C'est une enquête. Tâche pour une fois de
répondre avec précision. Tu n'as pas insulté la maison
conjugale, ni la terre grecque ?

PÂRIS : L'eau grecque, un peu. Elle se baignait...

CASSANDRE : Elle est née de l'écume, quoi ! La froi-
deur est née de l'écume, comme Vénus [1].

HECTOR : Tu n'as pas couvert la plinthe du palais
d'inscriptions ou de dessins offensants, comme tu en
es coutumier ? Tu n'as pas lâché le premier sur les

---

1. Aphrodite ou Vénus — appelée tantôt par son nom grec
(pp. 146, 150), tantôt par son nom latin (pp. 68, 71) —, déesse de la
Beauté et de l'Amour, est née de la mer près de Cythère et de
Chypre, îles qui lui furent consacrées (*Cf.* le tableau de la « Naissance de Vénus » de Botticelli).

échos ce mot qu'ils doivent tous redire en ce moment au mari trompé ?

PÂRIS : Non, Ménélas était nu sur le rivage, occupé à se débarrasser l'orteil d'un crabe. Il a regardé filer mon canot comme si le vent emportait ses vêtements.

HECTOR : L'air furieux ?

PÂRIS : Le visage d'un roi que pince un crabe n'a jamais exprimé la béatitude.

HECTOR : Pas d'autres spectateurs ?

PÂRIS : Mes gabiers.

HECTOR : Parfait !

PÂRIS : Pourquoi « parfait » ? Où veux-tu en venir ?

HECTOR : Je dis « parfait », parce que tu n'as rien commis d'irrémédiable. En somme, puisqu'elle était déshabillée, pas un seul des vêtements d'Hélène, pas un de ses objets n'a été insulté. Le corps seul a été souillé. C'est négligeable. Je connais assez les Grecs pour savoir qu'ils tireront une aventure divine et tout à leur honneur, de cette petite reine grecque qui va à la mer, et qui remonte tranquillement après quelques mois de sa plongée, le visage innocent.

CASSANDRE : Nous garantissons le visage.

PÂRIS : Tu penses que je vais ramener Hélène à Ménélas ?

HECTOR : Nous ne t'en demandons pas tant, ni lui... L'envoyé grec s'en charge... Il la repiquera lui-même dans la mer, comme le piqueur de plantes d'eau, à l'endroit désigné. Tu la lui remettras dès ce soir.

PÂRIS : Je ne sais pas si tu te rends très bien compte de la monstruosité que tu commets, en supposant qu'un homme a devant lui une nuit avec Hélène, et accepte d'y renoncer !

CASSANDRE : Il te reste une après-midi avec Hélène. Cela fait plus grec.

HECTOR : N'insiste pas. Nous te connaissons. Ce n'est pas la première séparation que tu acceptes.

PÂRIS : Mon cher Hector, c'est vrai. Jusqu'ici, j'ai toujours accepté d'assez bon cœur les séparations. La séparation d'avec une femme, fût-ce la plus aimée, comporte un agrément que je sais goûter mieux que

personne. La première promenade solitaire dans les
rues de la ville au sortir de la dernière étreinte, la vue
du premier petit visage de couturière, tout indifférent
et tout frais, après le départ de l'amante adorée au nez
rougi par les pleurs, le son du premier rire de blan-
chisseuse ou de fruitière, après les adieux enroués par
le désespoir, constituent une jouissance à laquelle je
sacrifie bien volontiers les autres... Un seul être vous
manque, et tout est repeuplé [1]... Toutes les femmes
sont créées à nouveau pour vous, toutes sont à vous,
et cela dans la liberté, la dignité, la paix de votre
conscience... Oui, tu as bien raison, l'amour comporte des moments vraiment exaltants, ce sont les
ruptures... Aussi ne me séparerai-je jamais d'Hélène,
car avec elle j'ai l'impression d'avoir rompu avec
toutes les autres femmes, et j'ai mille libertés et mille
noblesses au lieu d'une.

HECTOR : Parce qu'elle ne t'aime pas. Tout ce que tu
dis le prouve.

PÂRIS : Si tu veux. Mais je préfère à toutes les
passions cette façon dont Hélène ne m'aime pas.

HECTOR : J'en suis désolé. Mais tu la rendras.

PÂRIS : Tu n'es pas le maître ici.

HECTOR : Je suis ton aîné, et le futur maître.

PÂRIS : Alors commande dans le futur. Pour le présent, j'obéis à notre père.

HECTOR : Je n'en demande pas davantage ! Tu es
d'accord pour que nous nous en remettions au jugement de Priam ?

PÂRIS : Parfaitement d'accord.

HECTOR : Tu le jures ? Nous le jurons ?

CASSANDRE : Méfie-toi, Hector ! Priam est fou
d'Hélène. Il livrerait plutôt ses filles.

HECTOR : Que racontes-tu là ?

PÂRIS : Pour une fois qu'elle dit le présent au lieu de
l'avenir, c'est la vérité.

CASSANDRE : Et tous nos frères, et tous nos oncles,

---

1. Parodie du vers de Lamartine : « Un seul être vous manque et
tout est dépeuplé ! » (*L'Isolement*, v. 28).

et tous nos arrière-grands-oncles !... Hélène a une garde d'honneur, qui assemble tous nos vieillards. Regarde. C'est l'heure de sa promenade... Vois aux créneaux toutes ces têtes à barbe blanche... On dirait les cigognes caquetant sur les remparts [1].

HECTOR : Beau spectacle. Les barbes sont blanches et les visages rouges.

CASSANDRE : Oui. C'est la congestion. Ils devraient être à la porte du Scamandre, par où entrent nos troupes et la victoire. Non, ils sont aux portes Scées, par où sort Hélène.

HECTOR : Les voilà qui se penchent tout d'un coup, comme les cigognes quand passe un rat.

CASSANDRE : C'est Hélène qui passe...

PÂRIS : Ah ! oui ?

CASSANDRE : Elle est sur la seconde terrasse. Elle rajuste sa sandale, debout, prenant bien soin de croiser haut la jambe [2].

HECTOR : Incroyable. Tous les vieillards de Troie sont là à la regarder d'en haut.

CASSANDRE : Non. Les plus malins regardent d'en bas.

CRIS AU-DEHORS : Vive la Beauté !

HECTOR : Que crient-ils ?

PÂRIS : Ils crient : « Vive la Beauté ! »

CASSANDRE : Je suis de leur avis. Qu'ils meurent vite [3].

CRIS AU-DEHORS : Vive Vénus !

HECTOR : Et maintenant ?

CASSANDRE : Vive Vénus... Ils ne crient que des phrases sans *r*, à cause de leur manque de dents... Vive

1. Voir dans l'*Iliade*, chant III, « Hélène aux portes Scées » et le Conseil des Anciens : « L'âge pour eux a mis fin à la guerre. Mais ce sont de beaux discoureurs : on dirait des cigales, qui, dans le bois, font entendre leur voix charmante » (v. 150-152).
2. Y. Moraud (Nouveaux Classiques Larousse) voit là une allusion possible à « La Victoire détachant sa sandale », haut-relief du Parthénon.
3. L'expression « Vive » est à prendre au sens littéral (que vive). Donc qu'ils meurent vite, puisqu'ils sont laids.

la Beauté... Vive Vénus... Vive Hélène... Ils croient
proférer des cris. Ils poussent simplement le mâchon-
nement à sa plus haute puissance.

HECTOR : Que vient faire Vénus là-dedans ?

CASSANDRE : Ils ont imaginé que c'était Vénus qui
nous donnait Hélène... Pour récompenser Pâris de lui
avoir décerné la pomme à première vue [1].

HECTOR : Tu as fait aussi un beau coup ce jour-là !

PÂRIS : Ce que tu es frère aîné !

1. Si Aphrodite est appelée ici Vénus, c'est à cause des phrases
sans « r »... Allusion à l'épisode mythologique des trois déesses
(Héra, Aphrodite, Athéna) et de la pomme d'or ou pomme de
beauté, pomme lancée par Éris (la Discorde) que Pâris choisit de
remettre à Aphrodite en échange des promesses que celle-ci fait de
lui donner Hélène et de soutenir les Troyens dans la guerre.

Scène cinquième

LES MÊMES, DEUX VIEILLARDS

PREMIER VIEILLARD : D'en bas, nous la voyons mieux...

DEUXIÈME VIEILLARD : Nous l'avons même bien vue !

PREMIER VIEILLARD : Mais d'ici elle nous entend mieux. Allez ! Une, deux, trois !

TOUS DEUX : Vive Hélène

DEUXIÈME VIEILLARD : C'est un peu fatigant, à notre âge, d'avoir à descendre et à remonter constamment par des escaliers impossibles, selon que nous voulons la voir ou l'acclamer.

PREMIER VIEILLARD : Veux-tu que nous alternions ? Un jour nous l'acclamerons ! Un jour nous la regarderons !

DEUXIÈME VIEILLARD : Tu es fou, un jour sans bien voir Hélène !... Songe à ce que nous avons vu d'elle aujourd'hui ! Une, deux, trois !

TOUS DEUX : Vive Hélène !

PREMIER VIEILLARD : Et maintenant en bas !...

Ils disparaissent en courant.

CASSANDRE : Et tu les vois, Hector. Je me demande comment vont résister tous ces poumons besogneux.

HECTOR : Notre père ne peut être ainsi.

PÂRIS : Dis-moi, Hector, avant de nous expliquer

devant lui tu pourrais peut-être jeter un coup d'œil
sur Hélène.

HECTOR : Je me moque d'Hélène... Oh ! Père, salut !

*Priam est entré, escorté d'Hécube, d'Andromaque,
du poète Demokos et d'un autre vieillard.
Hécube tient à la main la petite Polyxène.*

Scène sixième

PRIAM, HÉCUBE, ANDROMAQUE, CASSANDRE,
HECTOR, PÂRIS, DEMOKOS,
LA PETITE POLYXÈNE, LE GÉOMÈTRE,
LES SERVANTES, LA JEUNE SERVANTE

PRIAM : Tu dis ?

HECTOR : Je dis, père, que nous devons nous précipiter pour fermer les portes de la guerre, les ver-
rouiller, les cadenasser. Il ne faut pas qu'un moucheron puisse passer entre les deux battants !

PRIAM : Ta phrase m'a paru moins longue.

DEMOKOS : Il disait qu'il se moquait d'Hélène.

PRIAM : Penche-toi... *(Hector obéit.)* Tu la vois ?

HÉCUBE : Mais oui, il la voit. Je me demande qui ne
la verrait pas et qui ne l'a pas vue. Elle fait le chemin
de ronde.

DEMOKOS : C'est la ronde de la beauté.

PRIAM : Tu la vois ?

HECTOR : Oui... Et après ?

DEMOKOS : Priam te demande ce que tu vois !

HECTOR : Je vois une jeune femme qui rajuste sa
sandale.

CASSANDRE : Elle met un certain temps à rajuster sa
sandale.

PÂRIS : Je l'ai emportée nue et sans garde-robe. Ce
sont des sandales à toi. Elles sont un peu grandes.

CASSANDRE : Tout est grand pour les petites femmes.

HECTOR : Je vois deux fesses charmantes.

HÉCUBE : Il voit ce que vous tous voyez.

PRIAM : Mon pauvre enfant !

HECTOR : Quoi ?

DEMOKOS : Priam te dit : pauvre enfant !

PRIAM : Oui, je ne savais pas que la jeunesse de Troie en était là.

HECTOR : Où en est-elle ?

PRIAM : A l'ignorance de la beauté.

DEMOKOS : Et par conséquent de l'amour. Au réalisme, quoi ! Nous autres poètes appelons cela le réalisme.

HECTOR : Et la vieillesse de Troie en est à la beauté et à l'amour ?

HÉCUBE : C'est dans l'ordre. Ce ne sont pas ceux qui font l'amour ou ceux qui sont la beauté qui ont à les comprendre.

HECTOR : C'est très courant, la beauté, père. Je ne fais pas allusion à Hélène, mais elle court les rues.

PRIAM : Hector, ne sois pas de mauvaise foi. Il t'est bien arrivé dans la vie, à l'aspect d'une femme, de ressentir qu'elle n'était pas seulement elle-même, mais que tout un flux d'idées et de sentiments avait coulé en sa chair et en prenait l'éclat ?

DEMOKOS : Ainsi le rubis personnifie le sang.

HECTOR : Pas pour ceux qui ont vu du sang. Je sors d'en prendre.

DEMOKOS : Un symbole, quoi ! Tout guerrier que tu es, tu as bien entendu parler des symboles ? Tu as bien rencontré des femmes qui, d'aussi loin que tu les apercevais, te semblaient personnifier l'intelligence, l'harmonie, la douceur ?

HECTOR : J'en ai vu.

DEMOKOS : Que faisais-tu alors ?

HECTOR : Je m'approchais et c'était fini... Que personnifie celle-là ?

DEMOKOS : On te le répète, la beauté.

HÉCUBE : Alors, rendez-la vite aux Grecs, si vous voulez qu'elle vous la personnifie pour longtemps. C'est une blonde.

DEMOKOS : Impossible de parler avec ces femmes !

HÉCUBE : Alors ne parlez pas des femmes ! Vous n'êtes guère galants, en tout cas, ni patriotes. Chaque peuple remise son symbole dans sa femme, qu'elle soit camuse ou lippue [1]. Il n'y a que vous pour aller le loger ailleurs.

HECTOR : Père, mes camarades et moi rentrons harassés. Nous avons pacifié notre continent pour toujours. Nous entendons désormais vivre heureux, nous entendons que nos femmes puissent nous aimer sans angoisse et avoir leurs enfants.

DEMOKOS : Sages principes, mais jamais la guerre n'a empêché d'accoucher.

HECTOR : Dis-moi pourquoi nous trouvons la ville transformée, du seul fait d'Hélène ! Dis-moi ce qu'elle nous a apporté, qui vaille une brouille avec les Grecs !

LE GÉOMÈTRE : Tout le monde te le dira ! Moi je peux te le dire !

HÉCUBE : Voilà le Géomètre !

LE GÉOMÈTRE : Oui, voilà le Géomètre ! Et ne crois pas que les géomètres n'aient pas à s'occuper des femmes ! Ils sont les arpenteurs aussi de votre apparence. Je ne te dirai pas ce qu'ils souffrent, les géomètres, d'une épaisseur de peau en trop à vos cuisses ou d'un bourrelet à votre cou... Eh bien, les géomètres jusqu'à ce jour n'étaient pas satisfaits de cette contrée qui entoure Troie. La ligne d'attache de la plaine aux collines leur semblait molle, la ligne des collines aux montagnes du fil de fer. Or, depuis qu'Hélène est ici, le paysage a pris son sens et sa fermeté. Et, chose particulièrement sensible aux vrais géomètres, il n'y a plus à l'espace et au volume qu'une commune mesure qui est Hélène. C'est la mort de tous ces instruments inventés par les hommes pour rapetisser l'univers. Il n'y a plus de mètres, de grammes, de lieues. Il n'y a plus que le pas d'Hélène, la coudée d'Hélène, la portée du regard ou de la voix d'Hélène, et l'air de son

1. G. Graumann voit ici une allusion à l'actualité de 1935, à savoir la beauté des femmes d'Abyssinie ou d'Éthiopie. (« *La guerre de Troie* » *aura lieu*, p. 143).

passage est la mesure des vents. Elle est notre baromètre, notre anémomètre ! Voilà ce qu'ils te disent,
les géomètres.

HÉCUBE : Il pleure, l'idiot.

PRIAM : Mon cher fils, regarde seulement cette
foule, et tu comprendras ce qu'est Hélène. Elle est une
espèce d'absolution. Elle prouve à tous ces vieillards
que tu vois là au guet et qui ont mis des cheveux
blancs au fronton de la ville, à celui-là qui a volé, à
celui-là qui trafiquait des femmes, à celui-là qui man-
qua sa vie, qu'ils avaient au fond d'eux-mêmes une
revendication secrète, qui était la beauté. Si la beauté
avait été près d'eux, aussi près qu'Hélène l'est
aujourd'hui, ils n'auraient pas dévalisé leurs amis, ni
vendu leurs filles, ni bu leur héritage. Hélène est leur
pardon, et leur revanche, et leur avenir.

HECTOR : L'avenir des vieillards me laisse indifférent.

DEMOKOS : Hector, je suis poète et juge en poète.
Suppose que notre vocabulaire ne soit pas quelquefois touché par la beauté ! Suppose que le mot délice
n'existe pas !

HECTOR : Nous nous en passerions. Je m'en passe
déjà. Je ne prononce le mot délice qu'absolument
forcé.

DEMOKOS : Oui, et tu te passerais du mot volupté,
sans doute ?

HECTOR : Si c'était au prix de la guerre qu'il fallût
acheter le mot volupté, je m'en passerais.

DEMOKOS : C'est au prix de la guerre que tu as
trouvé le plus beau, le mot courage.

HECTOR : C'était bien payé.

HÉCUBE : Le mot lâcheté a dû être trouvé par la
même occasion.

PRIAM : Mon fils, pourquoi te forces-tu à ne pas
nous comprendre ?

HECTOR : Je vous comprends fort bien. A l'aide d'un
quiproquo, en prétendant nous faire battre pour la
beauté, vous voulez nous faire battre pour une
femme.

PRIAM : Et tu ne ferais la guerre pour aucune femme ?

HECTOR : Certainement non !

HÉCUBE : Et il aurait rudement raison.

CASSANDRE : S'il n'y en avait qu'une, peut-être. Mais ce chiffre est largement dépassé.

DEMOKOS : Tu ne ferais pas la guerre pour reprendre Andromaque ?

HECTOR : Andromaque et moi avons déjà convenu de moyens secrets pour échapper à toute prison et nous rejoindre.

DEMOKOS : Pour vous rejoindre, si tout espoir est perdu ?

ANDROMAQUE : Pour cela aussi.

HÉCUBE : Tu as bien fait de les démasquer, Hector. Ils veulent faire la guerre pour une femme, c'est la façon d'aimer des impuissants.

DEMOKOS : C'est vous donner beaucoup de prix ?

HÉCUBE : Ah ! oui, par exemple !

DEMOKOS : Permets-moi de ne pas être de ton avis. Le sexe à qui je dois ma mère, je le respecterai jusqu'en ses représentantes les moins dignes [1].

HÉCUBE : Nous le savons. Tu l'y as déjà respecté...

Les servantes accourues au bruit de la dispute
éclatent de rire.

PRIAM : Hécube ! Mes filles ! Que signifie cette révolte de gynécée ? Le conseil se demande s'il ne mettra pas la ville en jeu pour l'une d'entre vous ; et vous en êtes humiliées ?

ANDROMAQUE : Il n'est qu'une humiliation pour la femme, l'injustice.

DEMOKOS : C'est vraiment pénible de constater que

---

1. Parodie du vers célèbre de Gabriel M. Legouvé : « Tombe aux pieds de ce sexe à qui tu dois ta mère » (vers final du poème *Le Mérite des femmes*, 1801).
Poème cité aussi dans *Siegfried*, acte II, scène première (*Théâtre complet*, Pléiade, p. 25).

les femmes sont les dernières à savoir ce qu'est la femme.

LA JEUNE SERVANTE, qui repasse : Oh ! là ! là !

HÉCUBE : Elles le savent parfaitement. Je vais vous le dire, moi, ce qu'est la femme.

DEMOKOS : Ne les laisse pas parler, Priam. On ne sait jamais ce qu'elles peuvent dire.

HÉCUBE : Elles peuvent dire la vérité.

PRIAM : Je n'ai qu'à penser à l'une de vous, mes chéries, pour savoir ce qu'est la femme.

DEMOKOS : Primo. Elle est le principe de notre énergie. Tu le sais bien, Hector. Les guerriers qui n'ont pas un portrait de femme dans leur sac ne valent rien.

CASSANDRE : De votre orgueil, oui.

HÉCUBE : De vos vices.

ANDROMAQUE : C'est un pauvre tas d'incertitude, un pauvre amas de crainte, qui déteste ce qui est lourd, qui adore ce qui est vulgaire et facile.

HECTOR : Chère Andromaque !

HÉCUBE : C'est très simple. Voilà cinquante ans que je suis femme et je n'ai jamais pu encore savoir au juste ce que j'étais.

DEMOKOS : Secundo. Qu'elle le veuille ou non, elle est la seule prime du courage... Demandez au moindre soldat. Tuer un homme, c'est mériter une femme.

ANDROMAQUE : Elle aime les lâches, les libertins. Si Hector était lâche ou libertin, je l'aimerais autant. Je l'aimerais peut-être davantage.

PRIAM : Ne va pas trop loin, Andromaque. Tu prouverais le contraire de ce que tu veux prouver.

LA PETITE POLYXÈNE : Elle est gourmande. Elle ment.

DEMOKOS : Et de ce que représente dans la vie humaine la fidélité, la pureté, nous n'en parlons pas, hein ?

LA SERVANTE : Oh ! là ! là !

DEMOKOS : Que racontes-tu, toi ?

LA SERVANTE : Je dis : Oh ! là ! là ! Je dis ce que je pense.

LA PETITE POLYXÈNE : Elle casse ses jouets. Elle leur plonge la tête dans l'eau bouillante.

HÉCUBE : A mesure que nous vieillissons, nous les femmes, nous voyons clairement ce qu'ont été les hommes, des hypocrites, des vantards, des boucs. A mesure que les hommes vieillissent, ils nous parent de toutes les perfections. Il n'est pas un souillon accolé derrière un mur qui ne se transforme dans vos souvenirs en créature d'amour.

PRIAM : Tu m'as trompé, toi ?

HÉCUBE : Avec toi-même seulement, mais cent fois [1].

DEMOKOS : Andromaque a trompé Hector ?

HÉCUBE : Laisse donc Andromaque tranquille. Elle n'a rien à voir dans les histoires de femmes.

ANDROMAQUE : Si Hector n'était pas mon mari, je le tromperais avec lui-même. S'il était un pêcheur pied bot, bancal, j'irais le poursuivre jusque dans sa cabane. Je m'étendrais dans les écailles d'huîtres et les algues. J'aurais de lui un fils adultère.

LA PETITE POLYXÈNE : Elle s'amuse à ne pas dormir la nuit, tout en fermant les yeux.

HÉCUBE à Polyxène : Oui, tu peux en parler, toi ! C'est épouvantable ! Que je t'y reprenne !

LA SERVANTE : Il n'y a pire que l'homme. Mais celui-là !

DEMOKOS : Et tant pis si la femme nous trompe ! Tant pis si elle-même méprise sa dignité et sa valeur. Puisqu'elle n'est pas capable de maintenir en elle cette forme idéale qui la maintient rigide et écarte les rides de l'âme, c'est à nous de le faire...

LA SERVANTE : Ah ! le bel embauchoir !

PÂRIS : Il n'y a qu'une chose qu'elles oublient de dire : qu'elles ne sont pas jalouses.

---

1. L'idée de la fidélité en amour, compensée par l'infidélité en imagination (tromper son mari avec lui-même, avec son ombre, avec le bois, avec l'écho) est très fréquente chez Giraudoux. Voir par exemple *Intermezzo*, acte II, scène III, Pléiade, p. 318 ; *Électre*, acte II, scène VI, Pléiade, p.659 ; acte II, scène VIII, p. 678.

PRIAM : Chères filles, votre révolte même prouve que nous avons raison. Est-il une plus grande générosité que celle qui vous pousse à vous battre en ce moment pour la paix, la paix qui vous donnera des maris veules, inoccupés, fuyants, quand la guerre vous fera d'eux des hommes !...

DEMOKOS : Des héros.

HÉCUBE : Nous connaissons le vocabulaire. L'homme en temps de guerre s'appelle le héros. Il peut ne pas en être plus brave, et fuir à toutes jambes. Mais c'est du moins un héros qui détale.

ANDROMAQUE : Mon père, je vous en supplie. Si vous avez cette amitié pour les femmes, écoutez ce que toutes les femmes du monde vous disent par ma voix. Laissez-nous nos maris comme ils sont. Pour qu'ils gardent leur agilité et leur courage, les dieux ont créé autour d'eux tant d'entraîneurs vivants ou non vivants ! Quand ce ne serait que l'orage ! Quand ce ne serait que les bêtes ! Aussi longtemps qu'il y aura des loups, des éléphants, des onces, l'homme aura mieux que l'homme comme émule et comme adversaire. Tous ces grands oiseaux qui volent autour de nous, ces lièvres dont nous les femmes confondons le poil avec les bruyères, sont de plus sûrs garants de la vue perçante de nos maris que l'autre cible, que le cœur de l'ennemi emprisonné dans sa cuirasse. Chaque fois que j'ai vu tuer un cerf ou un aigle, je l'ai remercié. Je savais qu'il mourait pour Hector [1]. Pourquoi voulez-vous que je doive Hector à la mort d'autres hommes ?

PRIAM : Je ne le veux pas, ma petite chérie. Mais savez-vous pourquoi vous êtes là, toutes si belles et si

---

1. La notion apparaît à maintes reprises : on peut sacrifier une vie pour en sauver une autre. Ainsi le petit voyou Casimir meurt à la place du Spectre (*Intermezzo*, 1ʳᵉ version, Pléiade, p. 1444) ; une chambrière peut mourir pour sauver une fille de châtelaine (*Provinciales*, « Sainte-Estelle », *Œuvres romanesques complètes*, Pléiade, p. 38) ; un petit animal meurt pour Estelle (« La Patente », *ibid.*, p. 1180) ; le hérisson à la place du voleur (*Électre*, acte premier, scène III, p. 612) ; la fouine à la place du président du Tribunal (*ibid.*, p. 613).

vaillantes ? C'est parce que vos maris et vos pères et vos aïeux furent des guerriers. S'ils avaient été paresseux aux armes, s'ils n'avaient pas su que cette occupation terne et stupide qu'est la vie se justifie soudain et s'illumine par le mépris que les hommes ont d'elle, c'est vous qui seriez lâches et réclameriez la guerre. Il n'y a pas deux façons de se rendre immortel ici-bas, c'est d'oublier qu'on est mortel !

ANDROMAQUE : Oh ! justement, père, vous le savez bien ! Ce sont les braves qui meurent à la guerre. Pour ne pas y être tué, il faut un grand hasard ou une grande habileté. Il faut avoir courbé la tête ou s'être agenouillé au moins une fois devant le danger. Les soldats qui défilent sous les arcs de triomphe [1] sont ceux qui ont déserté la mort. Comment un pays pourrait-il gagner dans son honneur et dans sa force en les perdant tous les deux ?

PRIAM : Ma fille, la première lâcheté est la première ride d'un peuple.

ANDROMAQUE : Où est la pire lâcheté ? Paraître lâche vis-à-vis des autres, et assurer la paix ? Ou être lâche vis-à-vis de soi-même et provoquer la guerre ?

DEMOKOS : La lâcheté est de ne pas préférer à toute mort la mort pour son pays.

HÉCUBE : J'attendais la poésie à ce tournant. Elle n'en manque pas une.

ANDROMAQUE : On meurt toujours pour son pays ! Quand on a vécu en lui digne, actif, sage, c'est pour lui aussi qu'on meurt. Les tués ne sont pas tranquilles sous la terre, Priam. Ils ne se fondent pas en elle pour le repos et l'aménagement éternel. Ils ne deviennent pas sa glèbe, sa chair. Quand on retrouve dans le sol une ossature humaine, il y a toujours une épée près

---

1. L'arc de triomphe est une invention romaine. Mais le spectateur de 1935 songe ici aux défilés, contemporains, des fascistes italiens sous l'arc de Constantin à Rome, et à ceux des anciens combattants, tous les 11 novembre, sous l'Arc de Triomphe à Paris. G. Graumann (*op. cit.*, p. 111) note par exemple que, le 12 novembre 1934, la moitié de la dernière page du *Figaro* est occupée par une énorme photo du défilé.

d'elle. C'est un os de la terre, un os stérile. C'est un guerrier.

HÉCUBE : Ou alors que les vieillards soient les seuls guerriers. Tout pays est le pays de la jeunesse. Il meurt quand la jeunesse meurt.

DEMOKOS : Vous nous ennuyez avec votre jeunesse. Elle sera la vieillesse dans trente ans.

CASSANDRE : Erreur.

HÉCUBE : Erreur ! Quand l'homme adulte touche à ses quarante ans, on lui substitue un vieillard. Lui disparaît. Il n'y a que des rapports d'apparence entre les deux. Rien de l'un ne continue en l'autre.

DEMOKOS : Le souci de ma gloire a continué, Hécube.

HÉCUBE : C'est vrai. Et les rhumatismes...

Nouveaux éclats de rire des servantes.

HECTOR : Et tu écoutes cela sans mot dire, Pâris ! Et il ne te vient pas à l'esprit de sacrifier une aventure pour nous sauver d'années de discorde et de massacre ?

PÂRIS : Que veux-tu que je te dise ! Mon cas est international.

HECTOR : Aimes-tu vraiment Hélène, Pâris ?

CASSANDRE : Ils sont le symbole de l'amour. Ils n'ont même plus à s'aimer.

PÂRIS : J'adore Hélène.

CASSANDRE, *au rempart* : La voilà, Hélène.

HECTOR : Si je la convaincs de s'embarquer, tu acceptes ?

PÂRIS : J'accepte, oui.

HECTOR : Père, si Hélène consent à repartir pour la Grèce, vous la retiendrez de force ?

PRIAM : Pourquoi mettre en question l'impossible ?

HÉCUBE : Et pourquoi l'impossible ? Si les femmes sont le quart de ce que vous prétendez, Hélène partira d'elle-même.

PÂRIS : Père, c'est moi qui vous en prie. Vous les voyez et entendez. Cette tribu royale, dès qu'il est question d'Hélène, devient aussitôt un assemblage de belle-mère, de belles-sœurs, et de beau-père digne de la meilleure bourgeoisie. Je ne connais pas d'emploi plus humiliant dans une famille nombreuse que le rôle du fils séducteur. J'en ai assez de leurs insinuations. J'accepte le défi d'Hector.

DEMOKOS : Hélène n'est pas à toi seul, Pâris. Elle est à la ville. Elle est au pays.

LE GÉOMÈTRE : Elle est au paysage.

HÉCUBE : Tais-toi, géomètre.

CASSANDRE : La voilà, Hélène...

HECTOR : Père, je vous le demande. Laissez-moi ce recours. Écoutez... On nous appelle pour la cérémonie. Laissez-moi et je vous rejoins.

PRIAM : Vraiment, tu acceptes, Pâris ?

PÂRIS : Je vous en conjure.

PRIAM : Soit. Venez, mes enfants. Allons préparer les portes de la guerre.

CASSANDRE : Pauvres portes ! Il faut plus d'huile pour les fermer que pour les ouvrir.

Priam et sa suite s'éloignent. Demokos est resté.

HECTOR : Qu'attends-tu là ?

DEMOKOS : Mes transes.

HECTOR : Tu dis ?

DEMOKOS : Chaque fois qu'Hélène apparaît, l'inspiration me saisit. Je délire, j'écume et j'improvise. Ciel, la voilà !

Il déclame.

Belle Hélène, Hélène de Sparte,
A gorge douce, à noble chef,
Les dieux nous gardent que tu partes,
Vers ton Ménélas derechef !

HECTOR : Tu as fini de terminer tes vers avec ces coups de marteau qui nous enfoncent le crâne [1] ?

DEMOKOS : C'est une invention à moi. J'obtiens des effets bien plus surprenants encore. Écoute :

> Viens sans peur au-devant d'Hector,
> La gloire et l'effroi du Scamandre !
> Tu as raison et lui a tort...
> Car il est dur et tu es tendre...

HECTOR : File !

DEMOKOS : Qu'as-tu à me regarder ainsi ? Tu as l'air de détester autant la poésie que la guerre.

HECTOR : Va ! Ce sont les deux sœurs [2] !

Le poète disparaît.

CASSANDRE, annonçant : Hélène !

---

1. Demokos se dit donc l'inventeur du vers français, ici octosyl-labique à rimes croisées ! Dans *Elpénor*, Giraudoux s'était déjà amusé à introduire des poèmes rimés. En fait, la versification grecque repose sur le rythme et non sur les rimes (l'*Iliade* com-prend près de 16 000 hexamètres dactyliques) ; la rime trouve son origine dans les vers latins, dits « léonins ». En France, c'est à partir du IXᵉ siècle que la rime devient un élément essentiel de la poésie, d'abord assonancée puis rimée (XIIIᵉ siècle).

2. Paradoxe puisque Giraudoux est lui-même essentiellement poète ; mais il n'est pas tendre pour son collègue, le poète troyen Demokos !

Scène septième

HÉLÈNE, PÂRIS, HECTOR

PÂRIS : Hélène chérie, voici Hector. Il a des projets sur toi, des projets tout simples. Il veut te rendre aux Grecs et te prouver que tu ne m'aimes pas... Dis-moi que tu m'aimes, avant que je te laisse avec lui... Dis-le-moi comme tu le penses.

HÉLÈNE : Je t'adore, chéri.

PÂRIS : Dis-moi qu'elle était belle, la vague qui t'emporta de Grèce.

HÉLÈNE : Magnifique ! Une vague magnifique !... Où as-tu vu une vague ? La mer était si calme...

PÂRIS : Dis-moi que tu hais Ménélas...

HÉLÈNE : Ménélas ? Je le hais.

PÂRIS : Tu n'as pas fini... Je ne retournerai jamais en Grèce. Répète.

HÉLÈNE : Tu ne retourneras jamais en Grèce.

PÂRIS : Non, c'est de toi qu'il s'agit.

HÉLÈNE : Bien sûr ! Que je suis sotte !... Jamais je ne retournerai en Grèce.

PÂRIS : Je ne le lui fais pas dire... A toi maintenant.

Il s'en va.

HECTOR : C'est beau, la Grèce ?

HÉLÈNE : Pâris l'a trouvée belle.

HECTOR : Je vous demande si c'est beau la Grèce sans Hélène ?

HÉLÈNE : Merci pour Hélène.

HECTOR : Enfin, comment est-ce, depuis qu'on en parle ?

HÉLÈNE : C'est beaucoup de rois et de chèvres éparpillés sur du marbre.

HECTOR : Si les rois sont dorés et les chèvres angora, cela ne doit pas être mal au soleil levant.

HÉLÈNE : Je me lève tard.

HECTOR : Des dieux aussi, en quantité ? Pâris dit que le ciel en grouille, que des jambes de déesses en pendent.

HÉLÈNE : Pâris va toujours le nez levé. Il peut les avoir vues.

HECTOR : Vous, non ?

HÉLÈNE : Je ne suis pas douée. Je n'ai jamais pu voir un poisson dans la mer. Je regarderai mieux quand j'y retournerai.

HECTOR : Vous venez de dire à Pâris que vous n'y retourneriez jamais.

HÉLÈNE : Il m'a priée de le dire. J'adore obéir à Pâris.

HECTOR : Je vois. C'est comme pour Ménélas. Vous ne le haïssez pas ?

HÉLÈNE : Pourquoi le haïrais-je ?

HECTOR : Pour la seule raison qui fasse vraiment haïr. Vous l'avez trop vu.

HÉLÈNE : Ménélas ? Oh ! non ! Je n'ai jamais bien vu Ménélas, ce qui s'appelle vu. Au contraire.

HECTOR : Votre mari ?

HÉLÈNE : Entre les objets et les êtres, certains sont colorés pour moi. Ceux-là je les vois. Je crois en eux. Je n'ai jamais bien pu voir Ménélas.

HECTOR : Il a dû pourtant s'approcher très près.

HÉLÈNE : J'ai pu le toucher. Je ne peux pas dire que je l'ai vu.

HECTOR : On dit qu'il ne vous quittait pas.

HÉLÈNE : Évidemment. J'ai dû le traverser bien des fois sans m'en douter.

HECTOR : Tandis que vous avez vu Pâris ?

HÉLÈNE : Sur le ciel, sur le sol, comme une découpure.

HECTOR : Il s'y découpe encore ? Regardez-le, là-bas, adossé au rempart.

HÉLÈNE : Vous êtes sûr que c'est Pâris, là-bas ?

HECTOR : C'est lui qui vous attend.

HÉLÈNE : Tiens ! Il est beaucoup moins net !

HECTOR : Le mur est cependant passé à la chaux fraîche. Tenez, le voilà de profil !

HÉLÈNE : C'est curieux comme ceux qui vous attendent se découpent moins bien que ceux que l'on attend !

HECTOR : Vous êtes sûre qu'il vous aime, Pâris ?

HÉLÈNE : Je n'aime pas beaucoup connaître les sentiments des autres. Rien ne gêne comme cela. C'est comme au jeu quand on voit dans le jeu de l'adversaire. On est sûr de perdre.

HECTOR : Et vous, vous l'aimez ?

HÉLÈNE : Je n'aime pas beaucoup connaître non plus mes propres sentiments.

HECTOR : Voyons ! Quand vous venez d'aimer Pâris, qu'il s'assoupit dans vos bras, quand vous êtes encore ceinturée par Pâris, comblée par Pâris, vous n'avez aucune pensée ?

HÉLÈNE : Mon rôle est fini. Je laisse l'univers penser à ma place. Cela, il le fait mieux que moi.

HECTOR : Mais le plaisir vous rattache bien à quelqu'un, aux autres ou à vous-même.

HÉLÈNE : Je connais surtout le plaisir des autres... Il m'éloigne des deux...

HECTOR : Il y a eu beaucoup de ces autres, avant Pâris ?

HÉLÈNE : Quelques-uns.

HECTOR : Et il y en aura d'autres après lui, n'est-ce pas, pourvu qu'ils se découpent sur l'horizon, sur le mur ou sur le drap ? C'est bien ce que je supposais. Vous n'aimez pas Pâris, Hélène. Vous aimez les hommes !

HÉLÈNE : Je ne les déteste pas. C'est agréable de les frotter contre soi comme de grands savons. On en est toute pure...

HECTOR : Cassandre ! Cassandre !

Scène neuvième

HÉLÈNE, CASSANDRE, HECTOR,
DEUX MESSAGERS

CASSANDRE : Qu'y a-t-il ?

HECTOR : Tu me fais rire. Ce sont toujours les
devineresses qui questionnent.

CASSANDRE : Pourquoi m'appelles-tu ?

HECTOR : Cassandre, Hélène repart ce soir avec
l'envoyé grec.

HÉLÈNE : Moi ? Que contez-vous là ?

HECTOR : Vous ne venez pas de me dire que vous
n'aimez pas très particulièrement Pâris ?

HÉLÈNE : Vous interprétez. Enfin, si vous voulez.

HECTOR : Je cite mes auteurs. Que vous aimez
surtout frotter les hommes contre vous comme de
grands savons ?

HÉLÈNE : Oui. Ou de la pierre ponce, si vous aimez
mieux. Et alors ?

HECTOR : Et alors, entre ce retour vers la Grèce qui
ne vous déplaît pas, et une catastrophe aussi redoutable que la guerre, vous hésiteriez à choisir ?

HÉLÈNE : Vous ne me comprenez pas du tout, Hector. Je n'hésite pas à choisir. Ce serait trop facile de
dire « Je fais ceci », ou « Je fais cela » pour que ceci ou
cela se fît. Vous avez découvert que je suis faible. Vous
en êtes tout joyeux. L'homme qui découvre la fai-
blesse d'une femme, c'est le chasseur à midi qui
découvre une source. Il s'en abreuve. Mais n'allez
pourtant pas croire, parce que vous avez convaincu la

plus faible des femmes, que vous avez convaincu l'avenir. Ce n'est pas en manœuvrant des enfants qu'on détermine le destin...

HECTOR : Les subtilités et les riens grecs m'échappent.

HÉLÈNE : Il ne s'agit pas de subtilités et de riens. Il s'agit au moins de monstres et de pyramides.

HECTOR : Choisissez-vous le départ, oui ou non ?

HÉLÈNE : Ne me brusquez pas... Je choisis les événements comme je choisis les objets et les hommes. Je choisis ceux qui ne sont pas pour moi des ombres. Je choisis ceux que je vois.

HECTOR : Je sais, vous l'avez dit : ceux que vous voyez colorés. Et vous ne vous voyez pas rentrant dans quelques jours au palais de Ménélas ?

HÉLÈNE : Non. Difficilement.

HECTOR : On peut habiller votre mari très brillant pour ce retour.

HÉLÈNE : Toute la pourpre de toutes les coquilles ne me le rendrait pas visible.

HECTOR : Voici ta concurrente, Cassandre. Celle-là aussi lit l'avenir.

HÉLÈNE : Je ne lis pas l'avenir. Mais dans cet avenir, je vois des scènes colorées, d'autres ternes. Jusqu'ici ce sont toujours les scènes colorées qui ont eu lieu.

HECTOR : Nous allons vous remettre aux Grecs en plein midi, sur le sable aveuglant, entre la mer violette et le mur ocre. Nous serons tous en cuirasse d'or à jupe rouge, et entre mon étalon blanc et la jument noire de Priam, mes sœurs en péplum vert vous remettront nue à l'ambassadeur grec, dont je devine, au-dessus du casque d'argent, le plumet amarante [1]. Vous voyez cela, je pense ?

HÉLÈNE : Non, du tout. C'est tout sombre.

HECTOR : Vous vous moquez de moi, n'est-ce pas ?

---

1. Le malentendu entre Hector et Hélène sur le sens du mot « coloré » est tel qu'Hector, irrité et ironique, mélange les mots de couleurs rares (rouge « amarante ») aux épithètes homériques (« la mer violette »).

HÉLÈNE : Me moquer, pourquoi ? Allons ! Partons, si vous voulez ! Allons nous préparer pour ma remise aux Grecs. Nous verrons bien.

HECTOR : Vous doutez-vous que vous insultez l'humanité, ou est-ce inconscient ?

HÉLÈNE : J'insulte quoi ?

HECTOR : Vous doutez-vous que votre album de chromos est la dérision du monde ? Alors que tous ici nous nous battons, nous nous sacrifions pour fabriquer une heure qui soit à nous, vous êtes là à feuilleter vos gravures prêtes de toute éternité !... Qu'avez-vous ? A laquelle vous arrêtez-vous avec ces yeux aveugles ? A celle sans doute où vous êtes sur ce même rempart, contemplant la bataille ? Vous la voyez, la bataille ?

HÉLÈNE : Oui.

HECTOR : Et la ville s'effondre ou brûle, n'est-ce pas ?

HÉLÈNE : Oui. C'est rouge vif.

HECTOR : Et Pâris ? Vous voyez le cadavre de Pâris traîné derrière un char [1] ?

HÉLÈNE : Ah ! vous croyez que c'est Pâris ? Je vois en effet un morceau d'aurore qui roule dans la poussière. Un diamant à sa main étincelle... Mais oui !... Je reconnais souvent mal les visages, mais toujours les bijoux. C'est bien sa bague.

HECTOR : Parfait... Je n'ose vous questionner sur Andromaque et sur moi... Sur le groupe Andromaque-Hector... Vous le voyez ! Ne niez pas. Comment le voyez-vous ? Heureux, vieilli, luisant ?

HÉLÈNE : Je n'essaie pas de le voir.

HECTOR : Et le groupe Andromaque pleurant sur le corps d'Hector, il luit ?

HÉLÈNE : Vous savez, je peux très bien voir luisant, extraordinairement luisant, et qu'il n'arrive rien. Personne n'est infaillible.

---

1. En réalité, c'est le cadavre d'Hector qu'Achille traînera derrière un char (*Iliade*, chant XXII, v. 396 et suivants).

HECTOR : N'insistez pas. Je comprends... Il y a un fils entre la mère qui pleure et le père étendu [1] ?

HÉLÈNE : Oui... Il joue avec les cheveux emmêlés du père... Il est charmant.

HECTOR : Et elles sont au fond de vos yeux ces scènes ? On peut les y voir ?

HÉLÈNE : Je ne sais pas. Regardez.

HECTOR : Plus rien ! Plus rien que la cendre de tous ces incendies, l'émeraude et l'or en poudre ! Qu'elle est pure, la lentille du monde ! Ce ne sont pourtant pas les pleurs qui doivent la laver... Tu pleurerais, si on allait te tuer, Hélène ?

HÉLÈNE : Je ne sais pas. Mais je crierais. Et je sens que je vais crier, si vous continuez ainsi, Hector... Je vais crier.

HECTOR : Tu repartiras ce soir pour la Grèce, Hélène, ou je te tue.

HÉLÈNE : Mais je veux bien partir ! Je suis prête à partir. Je vous répète seulement que je ne peux arriver à rien distinguer du navire qui m'emportera. Je ne vois scintiller ni la ferrure du mât de misaine, ni l'anneau du nez du capitaine, ni le blanc de l'œil du mousse.

HECTOR : Tu rentreras sur une mer grise, sous un soleil gris. Mais il nous faut la paix.

HÉLÈNE : Je ne vois pas la paix.

HECTOR : Demande à Cassandre de te la montrer. Elle est sorcière. Elle évoque formes et génies.

UN MESSAGER : Hector, Priam te réclame ! Les

---

1. Dans l'*Iliade*, après avoir été traîné dans la poussière et malmené par Achille (chant XXII), le cadavre d'Hector est rendu à Priam contre une forte rançon et parce que Thétis en a donné l'ordre exprès à Achille. Près du corps d'Hector, déposé sur un lit ciselé, Andromaque aux bras blancs, parmi les chanteurs et les lamentations des femmes, commence le deuil, tenant dans ses mains la tête d'Hector : « Cher époux, tu as perdu bien jeune la vie ; et tu me laisses veuve dans ce palais ; et cet enfant lui-même est encore bien petit [...], infortunés que nous sommes, je ne présume pas qu'il parvienne jusqu'à l'adolescence : avant ce temps, cette ville sera détruite de fond en comble » (chant XXIV, v. 723 et suivants). Voir aussi le célèbre tableau de David.

prêtres s'opposent à ce que l'on ferme les portes de la guerre ! Ils disent que les dieux y verraient une insulte.

HECTOR : C'est curieux comme les dieux s'abstiennent de parler eux-mêmes dans les cas difficiles.

LE MESSAGER : Ils ont parlé eux-mêmes. La foudre est tombée sur le temple, et les entrailles des victimes sont contre le renvoi d'Hélène.

HECTOR : Je donnerais beaucoup pour consulter aussi les entrailles des prêtres... Je te suis.

Le guerrier sort.

HECTOR : Ainsi, vous êtes d'accord, Hélène ?

HÉLÈNE : Oui.

HECTOR : Vous direz désormais ce que je vous dirai de dire ? Vous ferez ce que je vous dirai de faire ?

HÉLÈNE : Oui.

HECTOR : Devant Ulysse, vous ne me contredirez pas, vous abonderez dans mon sens ?

HÉLÈNE : Oui.

HECTOR : Écoute-la, Cassandre. Écoute ce bloc de négation qui dit oui ! Tous m'ont cédé. Pâris m'a cédé, Priam m'a cédé, Hélène me cède. Et je sens qu'au contraire dans chacune de ces victoires apparentes, j'ai perdu. On croit lutter contre des géants, on va les vaincre et il se trouve qu'on lutte contre quelque chose d'inflexible qui est un reflet sur la rétine d'une femme. Tu as beau me dire oui, Hélène, tu es comble d'une obstination qui me nargue !

HÉLÈNE : C'est possible. Mais je n'y peux rien. Ce n'est pas la mienne.

HECTOR : Par quelle divagation le monde a-t-il été placer son miroir dans cette tête obtuse !

HÉLÈNE : C'est regrettable, évidemment. Mais vous voyez un moyen de vaincre l'obstination des miroirs ?

HECTOR : Oui. C'est à cela que je songe depuis un moment.

HÉLÈNE : Si on les brise, ce qu'ils reflétaient n'en demeure peut-être pas moins ?

HECTOR : C'est là toute la question.

AUTRE MESSAGER : Hector, hâte-toi. La plage est en révolte. Les navires des Grecs sont en vue, et ils ont hissé leur pavillon non au ramat mais à l'écoutière [1]. L'honneur de notre marine est en jeu. Priam craint que l'envoyé ne soit massacré à son débarquement.

HECTOR : Je te confie Hélène, Cassandre. J'enverrai mes ordres.

---

1. Ces deux termes de marine semblent être une invention de Jean Giraudoux. L'écoute est un cordage de voile, et, d'après J. Body (*Théâtre complet*, Pléiade, p. 1511) « ramat » pourrait venir de l'allemand *Rah-mast*.

Scène dixième

HÉLÈNE, CASSANDRE, puis LA PAIX

CASSANDRE : Moi je ne vois rien, coloré ou terne. Mais chaque être pèse sur moi par son approche même. A l'angoisse de mes veines, je sens son destin.

HÉLÈNE : Moi, dans mes scènes colorées, je vois quelquefois un détail plus étincelant encore que les autres. Je ne l'ai pas dit à Hector. Mais le cou de son fils est illuminé, la place du cou où bat l'artère [1]...

CASSANDRE : Moi, je suis comme un aveugle qui va à tâtons. Mais c'est au milieu de la vérité que je suis aveugle. Eux tous voient, et ils voient le mensonge. Je tâte la vérité.

HÉLÈNE : Notre avantage, c'est que nos visions se confondent avec nos souvenirs, l'avenir avec le passé ! On devient moins sensible... C'est vrai que vous êtes sorcière, que vous pouvez évoquer la paix ?

CASSANDRE : La paix ? Très facile. Elle écoute en mendiante derrière chaque porte... La voilà.

La Paix apparaît.

HÉLÈNE : Comme elle est jolie !
LA PAIX : Au secours, Hélène, aide-moi !

1. Dans l'*Iliade* (chant XXII), c'est à cet endroit du cou qu'Hector est atteint et tué par Achille (v. 327). Quant à Astyanax, Andromaque imagine qu'il mourra, précipité du haut d'une tour par les Grecs vainqueurs (chant XXIV, v. 735).

HÉLÈNE : Mais comme elle est pâle.

LA PAIX : Je suis pâle ? Comment, pâle ! Tu ne vois pas cet or dans mes cheveux ?

HÉLÈNE : Tiens, de l'or gris ? C'est une nouveauté [1]...

LA PAIX : De l'or gris ! Mon or est gris ?

La Paix disparaît.

HÉLÈNE : Elle a disparu ?

CASSANDRE : Je pense qu'elle se remet un peu de rouge.

La Paix reparaît, outrageusement fardée.

LA PAIX : Et comme cela ?

HÉLÈNE : Je la vois de moins en moins.

LA PAIX : Et comme cela ?

CASSANDRE : Hélène ne te voit pas davantage.

LA PAIX : Tu me vois, toi, puisque tu me parles !

CASSANDRE : C'est ma spécialité de parler à l'invisible.

LA PAIX : Que se passe-t-il donc ? Pourquoi les hommes dans la ville et sur la plage poussent-ils ces cris ?

CASSANDRE : Il paraît que leurs dieux entrent dans le jeu et aussi leur honneur.

LA PAIX : Leurs dieux ! Leur honneur !

CASSANDRE : Oui... Tu es malade !

LE RIDEAU TOMBE

---

1. L'or gris est en effet une « nouveauté », mais du XXe siècle : il s'agit d'or allié de zinc, de nickel, et qui imite le platine.

ACTE DEUXIÈME

Square clos de palais. A chaque angle, échappée sur la mer.
Au centre un monument, les portes de la guerre.
Elles sont grandes ouvertes.

Scène première

HÉLÈNE, LE JEUNE TROÏLUS

HÉLÈNE : Hé ! là-bas ! Oui, c'est toi que j'appelle !...
Approche !

TROÏLUS : Non.

HÉLÈNE : Comment t'appelles-tu ?

TROÏLUS : Troïlus.

HÉLÈNE : Viens ici !

TROÏLUS : Non.

HÉLÈNE : Viens ici, Troïlus !... *(Troïlus approche.)*
Ah ! te voilà ! Tu obéis quand on t'appelle par ton
nom : tu es encore très lévrier. C'est d'ailleurs gentil.
Tu sais que tu m'obliges pour la première fois à crier,
en parlant à un homme ? Ils sont toujours tellement
collés à moi que je n'ai qu'à bouger les lèvres. J'ai crié
à des mouettes, à des biches, à l'écho, jamais à un
homme. Tu me paieras cela... Qu'as-tu ? Tu trembles ?

TROÏLUS : Je ne tremble pas.

HÉLÈNE : Tu trembles, Troïlus.

TROÏLUS : Oui, je tremble.

HÉLÈNE : Pourquoi es-tu toujours derrière moi ?
Quand je vais dos au soleil et que je m'arrête, la tête de
ton ombre bute toujours contre mes pieds. C'est tout
juste si elle ne les dépasse pas. Dis-moi ce que tu
veux...

TROÏLUS : Je ne veux rien.

HÉLÈNE : Dis-moi ce que tu veux. Troïlus !

TROÏLUS : Tout ! Je veux tout !

HÉLÈNE : Tu veux tout. La lune ?

TROÏLUS : Tout ! Plus que tout !

HÉLÈNE : Tu parles déjà comme un vrai homme : tu veux m'embrasser, quoi !

TROÏLUS : Non !

HÉLÈNE : Tu veux m'embrasser, n'est-ce pas, mon petit Troïlus ?

TROÏLUS : Je me tuerais aussitôt après !

HÉLÈNE : Approche... Quel âge as-tu ?

TROÏLUS : Quinze ans... Hélas !

HÉLÈNE : Bravo pour « hélas ! »... Tu as déjà embrassé des jeunes filles ?

TROÏLUS : Je les hais.

HÉLÈNE : Tu en as déjà embrassé ?

TROÏLUS : On les embrasse toutes. Je donnerais ma vie pour n'en avoir embrassé aucune.

HÉLÈNE : Tu me sembles disposer d'un nombre considérable d'existences. Pourquoi ne m'as-tu pas dit franchement : « Hélène, je veux vous embrasser ! » ? Je ne vois aucun mal à ce que tu m'embrasses... Embrasse-moi.

TROÏLUS : Jamais.

HÉLÈNE : A la fin du jour, quand je m'assieds aux créneaux pour voir le couchant sur les îles, tu serais arrivé doucement, tu aurais tourné ma tête vers toi avec tes mains — de dorée, elle serait devenue sombre, tu l'aurais moins bien vue évidemment —, et tu m'aurais embrassée, j'aurais été très contente... « Tiens, me serais-je dit, le petit Troïlus m'embrasse !... » Embrasse-moi.

TROÏLUS : Jamais.

HÉLÈNE : Je vois. Tu me haïrais si tu m'avais embrassée ?

TROÏLUS : Ah ! Les hommes ont bien de la chance
d'arriver à dire ce qu'ils veulent dire [1] !
HÉLÈNE : Toi, tu le dis assez bien.

1. Sur ce thème — fréquent — de la difficulté d'expression, ou du
décalage entre la pensée et la parole, voir aussi le contrôleur
d'*Intermezzo* (acte II, scène III, *Théâtre complet*, Pléiade, p. 316) et
le jardinier d'*Électre* (« *Lamento* », *ibid.*, p. 640).

Scène deuxième

HÉLÈNE, PÂRIS, LE JEUNE TROÏLUS

PÂRIS : Méfie-toi, Hélène. Troïlus est un dangereux personnage.

HÉLÈNE : Au contraire. Il veut m'embrasser.

PÂRIS : Troïlus, tu sais que si tu embrasses Hélène, je te tue !

HÉLÈNE : Cela lui est égal de mourir, même plusieurs fois.

PÂRIS : Qu'est-ce qu'il a ? Il prend son élan ?... Il va bondir sur toi ?... Il est trop gentil ! Embrasse Hélène, Troïlus. Je te le permets.

HÉLÈNE : Si tu l'y décides, tu es plus malin que moi.

Troïlus qui allait se précipiter sur Hélène s'écarte aussitôt.

PÂRIS : Écoute, Troïlus ! Voici nos vénérables qui arrivent en corps pour fermer les portes de la guerre... Embrasse Hélène devant eux : tu seras célèbre. Tu veux être célèbre, plus tard, dans la vie ?

TROÏLUS : Non. Inconnu.

PÂRIS : Tu ne veux pas devenir célèbre ? Tu ne veux pas être riche, puissant ?

TROÏLUS : Non. Pauvre. Laid.

PÂRIS : Laisse-moi finir !... Pour avoir toutes les femmes !

TROÏLUS : Je n'en veux aucune, aucune !

PÂRIS : Voilà nos sénateurs ! Tu as à choisir : ou tu embrasseras Hélène devant eux, ou c'est moi qui

l'embrasse devant toi. Tu préfères que ce soit moi ?
Très bien ! Regarde !... Oh ! Quel est ce baiser inédit
que tu me donnes, Hélène ?

HÉLÈNE : Le baiser destiné à Troïlus.

PÂRIS : Tu ne sais pas ce que tu perds, mon enfant !
Oh ! tu t'en vas ? Bonsoir !

HÉLÈNE : Nous nous embrasserons, Troïlus. Je t'en
réponds. *(Troïlus s'en va.)* Troïlus !

PÂRIS, un peu énervé : Tu cries bien fort, Hélène !

Scène troisième

HÉLÈNE, DEMOKOS, PÂRIS

DEMOKOS : Hélène, une minute ! Et regarde-moi bien en face. J'ai dans la main un magnifique oiseau que je vais lâcher... Là, tu y es ?... C'est cela... Arrange tes cheveux et souris un beau sourire.

PÂRIS : Je ne vois pas en quoi l'oiseau s'envolera mieux si les cheveux d'Hélène bouffent et si elle fait son beau sourire.

HÉLÈNE : Cela ne peut pas me nuire en tout cas.

DEMOKOS : Ne bouge plus... Une ! Deux ! Trois ! Voilà [1]... c'est fait, tu peux partir...

HÉLÈNE : Et l'oiseau ?

DEMOKOS : C'est un oiseau qui sait se rendre invisible.

HÉLÈNE : La prochaine fois demande-lui sa recette.

Elle sort.

PÂRIS : Quelle est cette farce ?

DEMOKOS : Je compose un chant sur le visage d'Hélène. J'avais besoin de bien le contempler, de le graver dans ma mémoire avec sourire et boucles. Il y est.

1. Cette scène, très contemporaine et conforme aux traditions des photographes de 1935 — qui couvraient l'objectif d'un tissu noir et demandaient aux clients de sourire à l'oiseau sortant de la cage — a été ajoutée tardivement, mais n'a pas été jouée pendant les représentations.

Scène quatrième

DEMOKOS, PÂRIS, HÉCUBE,
LA PETITE POLYXÈNE, ABNÉOS,
LE GÉOMÈTRE, QUELQUES VIEILLARDS

HÉCUBE : Enfin, vous allez nous la fermer, cette porte ?

DEMOKOS : Certainement non. Nous pouvons avoir à la rouvrir ce soir même.

HÉCUBE : Hector le veut. Il décidera Priam.

DEMOKOS : C'est ce que nous verrons. Je lui réserve d'ailleurs une surprise, à Hector !

LA PETITE POLYXÈNE : Où mène-t-elle, la porte, maman ?

ABNÉOS : A la guerre, mon enfant. Quand elle est ouverte, c'est qu'il y a la guerre.

DEMOKOS : Mes amis...

HÉCUBE : Guerre ou non, votre symbole est stupide. Cela fait tellement peu soigné, ces deux battants toujours ouverts ! Tous les chiens s'y arrêtent.

LE GÉOMÈTRE : Il ne s'agit pas de ménage. Il s'agit de la guerre et des dieux.

HÉCUBE : C'est bien ce que je dis, les dieux ne savent pas fermer leurs portes.

LA PETITE POLYXÈNE : Moi je les ferme très bien, n'est-ce pas, maman ?

PÂRIS, baisant les doigts de la Petite Polyxène : Tu te prends même les doigts en les fermant, chérie.

DEMOKOS : Puis-je enfin réclamer un peu de silence, Pâris ?... Abnéos, et toi, Géomètre, et vous, mes amis, si je vous ai convoqués ici avant l'heure, c'est pour tenir notre premier conseil. Et c'est de bon augure que ce premier conseil de guerre ne soit pas celui des généraux, mais celui des intellectuels [1]. Car il ne suffit pas, à la guerre, de fourbir des armes à nos soldats. Il est indispensable de porter au comble leur enthousiasme. L'ivresse physique, que leurs chefs obtiendront à l'instant de l'assaut par un vin à la résine vigoureusement placé, restera vis-à-vis des Grecs inefficiente, si elle ne se double de l'ivresse morale que nous, les poètes, allons leur verser. Puisque l'âge nous éloigne du combat, servons du moins à le rendre sans merci. Je vois que tu as des idées là-dessus, Abnéos, et je te donne la parole.

ABNÉOS : Oui. Il nous faut un chant de guerre.

DEMOKOS : Très juste. La guerre exige un chant de guerre.

PÂRIS : Nous nous en sommes passés jusqu'ici.

HÉCUBE : Elle chante assez fort elle-même...

ABNÉOS : Nous nous en sommes passés, parce que nous n'avons jamais combattu que des barbares. C'était de la chasse. Le cor suffisait. Avec les Grecs, nous entrons dans un domaine de guerre autrement relevé.

DEMOKOS : Très exact, Abnéos. Ils ne se battent pas avec tout le monde.

PÂRIS : Nous avons déjà un chant national.

ABNÉOS : Oui. Mais c'est un chant de paix.

PÂRIS : Il suffit de chanter un chant de paix avec grimace et gesticulation pour qu'il devienne un chant de guerre... Quelles sont déjà les paroles du nôtre ?

ABNÉOS : Tu le sais bien. Anodines. — C'est nous

---

1. Dans l'*Iliade*, c'est le Conseil des Anciens qui se réunit. Ici, il y a bien évidemment une allusion aux « intellectuels » français de 1935 — le terme est à la mode — dont les activités sont multiples : à l'occasion de l'affaire d'Éthiopie, par exemple, Léon Daudet, Robert Brasillach, Drieu La Rochelle, et Charles Maurras signent un manifeste en faveur de l'Italie, des contre-manifestes parurent vite, dont l'un signé par Jules Romains, Aragon, André Gide, et même Louis Jouvet (d'après G. Graumann, *op. cit.*, p. 119).

qui fauchons les moissons, qui pressons le sang de la vigne !

DEMOKOS : C'est tout au plus un chant de guerre contre les céréales. Vous n'effraierez pas les Spartiates en menaçant le blé noir [1].

PÂRIS : Chante-le avec un javelot à la main et un mort à tes pieds, et tu verras.

HÉCUBE : Il y a le mot sang, c'est toujours cela.

PÂRIS : Le mot moisson aussi. La guerre l'aime assez.

ABNÉOS : Pourquoi discuter, puisque Demokos peut nous en livrer un tout neuf dans les deux heures ?

DEMOKOS : Deux heures, c'est un peu court.

HÉCUBE : N'aie aucune crainte, c'est plus qu'il ne te faut ! Et après le chant ce sera l'hymne, et après l'hymne la cantate [2]. Dès que la guerre est déclarée, impossible de tenir les poètes. La rime, c'est encore le meilleur tambour.

DEMOKOS : Et le plus utile, Hécube ; tu ne crois pas si bien dire. Je la connais, la guerre. Tant qu'elle n'est pas là, tant que ses portes sont fermées, libre à chacun de l'insulter et de la honnir. Elle dédaigne les affronts du temps de paix. Mais, dès qu'elle est présente, son orgueil est à vif, on ne gagne pas sa faveur, on ne la gagne que si on la complimente et la caresse. C'est alors la mission de ceux qui savent parler et écrire, de louer la guerre, de l'aduler à chaque heure du jour, de la flatter sans arrêt aux places claires ou équivoques de son énorme corps [3], sinon on se l'aliène. Voyez les officiers : braves devant l'ennemi, lâches devant la guerre, c'est la devise des vrais généraux.

---

1. C'est le sarrasin. Allusion, peut-être, au brouet noir des Spartiates et, plus sûrement, au pain noir (*Pumpernickel* = bon pour Nickel) des soldats allemands.

2. Si l'hymne existe chez les Grecs, la cantate, elle, n'est née qu'au XVIIᵉ siècle, en Italie.

3. Jean Giraudoux a écrit lui-même, en exergue d'*Adorable Clio* (1920) : « Pardonne-moi, ô guerre, de t'avoir — toutes les fois où je l'ai pu — caressée. » (Nous soulignons.)

PÂRIS : Et tu as même déjà une idée pour ton chant ?

DEMOKOS : Une idée merveilleuse, que tu comprendras mieux que personne... Elle doit être lasse qu'on l'affuble de cheveux de Méduse, de lèvres de Gorgone : j'ai l'idée de comparer son visage au visage d'Hélène. Elle sera ravie de cette ressemblance.

LA PETITE POLYXÈNE : A quoi ressemble-t-elle, la guerre, maman ?

HÉCUBE : A ta tante Hélène.

LA PETITE POLYXÈNE : Elle est bien jolie.

DEMOKOS : Donc, la discussion est close. Entendu pour le chant de guerre. Pourquoi t'agiter, Géomètre ?

LE GÉOMÈTRE : Parce qu'il y a plus pressé que le chant de guerre, beaucoup plus pressé !

DEMOKOS : Tu veux dire les médailles, les fausses nouvelles [1] ?

LE GÉOMÈTRE : Je veux dire les épithètes.

HÉCUBE : Les épithètes [2] ?

LE GÉOMÈTRE : Avant de se lancer leurs javelots, les guerriers grecs se lancent des épithètes... Cousin de crapaud ! se crient-ils. Fils de bœuf !... Ils s'insultent, quoi ! Et ils ont raison. Ils savent que le corps est plus vulnérable quand l'amour-propre est à vif. Des guerriers connus pour leur sang-froid le perdent illico quand on les traite de verrues ou de corps thyroïdes. Nous autres Troyens manquons terriblement d'épithètes.

DEMOKOS : Le Géomètre a raison. Nous sommes vraiment les seuls à ne pas insulter nos adversaires avant de les tuer.

---

1. Allusion à certains communiqués de guerre (1914-1918), particulièrement pendant la bataille de la Marne, et à l'« intoxication » des esprits par la propagande, dans les deux camps.
2. A ne pas confondre avec les épithètes homériques. En fait, dans l'*Iliade*, il s'agit de combats d'injures : dans le chant premier, par exemple, Achille traite Agamemnon de « sac à vin ! œil de chien et cœur de cerf ! » (v. 225).

PÂRIS : Tu ne crois pas suffisant que les civils s'insultent, Géomètre ?

LE GÉOMÈTRE : Les armées doivent partager les haines des civils. Tu les connais : sur ce point elles sont décevantes. Quand on les laisse à elles-mêmes, elles passent leur temps à s'estimer. Leurs lignes déployées deviennent bientôt les seules lignes de vraie fraternité dans le monde [1], et du fond du champ de bataille, où règne une considération mutuelle, la haine est refoulée sur les écoles, les salons ou le petit commerce. Si nos soldats ne sont pas au moins à égalité dans le combat d'épithètes, ils perdront tout goût à l'insulte, à la calomnie, et par suite immanquablement à la guerre.

DEMOKOS : Adopté ! Nous leur organiserons un concours dès ce soir.

PÂRIS : Je les crois assez grands pour les trouver eux-mêmes.

DEMOKOS : Quelle erreur ! Tu les trouverais de toi-même, tes épithètes, toi qui passes pour habile ?

PÂRIS : J'en suis persuadé.

DEMOKOS : Tu te fais des illusions. Mets-toi en face d'Abnéos, et commence.

PÂRIS : Pourquoi d'Abnéos ?

DEMOKOS : Parce qu'il prête aux épithètes, ventru et bancal comme il est.

ABNÉOS : Dis donc, moule à tarte !

PÂRIS : Non. Abnéos ne m'inspire pas. Mais en face de toi, si tu veux.

DEMOKOS : De moi ? Parfait ! Tu vas voir ce que c'est, l'épithète improvisée ! Compte dix pas... J'y suis... Commence...

HÉCUBE : Regarde-le bien. Tu seras inspiré.

PÂRIS : Vieux parasite ! Poète aux pieds sales !

---

1. Allusion à la fraternisation des tranchées, pendant la guerre de 14-18. Allusion aussi aux efforts d'organisation d'un patriotisme de l'arrière (pendant la même guerre) et à des efforts plus récents (1935) pour créer le sentiment d'une conscience nationale.

DEMOKOS : Une seconde... Si tu faisais précéder les épithètes du nom, pour éviter les méprises...

PÂRIS : En effet, tu as raison... Demokos ! Œil de veau ! Arbre à pellicules !

DEMOKOS : C'est grammaticalement correct, mais bien naïf. En quoi le fait d'être appelé arbre à pellicules peut-il me faire monter l'écume aux lèvres et me pousser à tuer ? Arbre à pellicules est complètement inopérant.

HÉCUBE : Il t'appelle aussi Œil de veau.

DEMOKOS : Œil de veau est un peu mieux... Mais tu vois comme tu patauges, Pâris ? Cherche donc ce qui peut m'atteindre. Quels sont mes défauts, à ton avis ?

PÂRIS : Tu es lâche, ton haleine est fétide, et tu n'as aucun talent.

DEMOKOS : Tu veux une gifle ?

PÂRIS : Ce que j'en dis, c'est pour te faire plaisir.

LA PETITE POLYXÈNE : Pourquoi gronde-t-on l'oncle Demokos [1], maman ?

HÉCUBE : Parce que c'est un serin, chérie !

DEMOKOS : Vous dites, Hécube ?

HÉCUBE : Je dis que tu es un serin, Demokos. Je dis que si les serins avaient la bêtise, la prétention, la laideur et la puanteur des vautours, tu serais un serin.

DEMOKOS : Tiens, Pâris ! Ta mère est plus forte que toi. Prends modèle. Une heure d'exercice par jour et par soldat, et Hécube nous donne la supériorité en épithètes. Et pour le chant de la guerre, je ne sais pas non plus s'il n'y aurait pas avantage à le lui confier...

HÉCUBE : Si tu veux. Mais je ne dirais pas qu'elle ressemble à Hélène.

DEMOKOS : Elle ressemble à qui, d'après toi ?

HÉCUBE : Je te le dirai quand la porte sera fermée.

---

1. Le traite-t-on d'« oncle » parce qu'il est vieux ? ou parce qu'il fait partie de la famille ? (dans une variante, il est appelé « le cousin Demokos »).

Scène cinquième

LES MÊMES, PRIAM, HECTOR, BUSIRIS,
UN GARDE, UN MESSAGER, puis ANDROMAQUE,
puis HÉLÈNE

Pendant la fermeture des portes, Andromaque prend
à part la Petite Polyxène, et lui confie une
commission ou un secret.

HECTOR : Elle va l'être.

DEMOKOS : Un moment, Hector !

HECTOR : La cérémonie n'est pas prête ?

HÉCUBE : Si. Les gonds nagent dans l'huile d'olive.

HECTOR : Alors ?

PRIAM : Ce que nos amis veulent dire, Hector, c'est que la guerre aussi est prête. Réfléchis bien. Ils n'ont pas tort. Si tu fermes cette porte, il va peut-être falloir la rouvrir dans une minute.

HÉCUBE : Une minute de paix, c'est bon à prendre.

HECTOR : Mon père, tu dois pourtant savoir ce que signifie la paix pour des hommes qui depuis des mois se battent. C'est toucher enfin le fond pour ceux qui se noient ou s'enlisent. Laisse-nous prendre pied sur le moindre carré de paix, effleurer la paix une minute, fût-ce de l'orteil !

PRIAM : Hector, songe que jeter aujourd'hui le mot paix dans la ville est aussi coupable que d'y jeter un poison. Tu vas y détendre le cuir et le fer. Tu vas frapper avec le mot paix la monnaie courante des souvenirs, des affections, des espoirs. Les soldats vont se précipiter pour acheter le pain de paix, boire le vin de paix, étreindre la femme de paix, et dans une heure tu les remettras face à la guerre.

HECTOR : La guerre n'aura pas lieu !

On entend des clameurs du côté du port.

DEMOKOS : Non ? Écoute !

HECTOR : Fermons les portes. C'est ici que nous recevrons tout à l'heure les Grecs. La conversation sera déjà assez rude. Il convient de les recevoir dans la paix.

PRIAM : Mon fils, savons-nous même si nous devons permettre aux Grecs de débarquer ?

HECTOR : Ils débarqueront. L'entrevue avec Ulysse est notre dernière chance de paix.

DEMOKOS : Ils ne débarqueront pas. Notre honneur est en jeu. Nous serions la risée du monde...

HECTOR : Et tu prends sur toi de conseiller au Sénat une mesure qui signifie la guerre ?

DEMOKOS : Sur moi ? Tu tombes mal. Avance, Busiris [1]. Ta mission commence.

HECTOR : Quel est cet étranger ?

DEMOKOS : Cet étranger est le plus grand expert vivant du droit des peuples. Notre chance veut qu'il soit aujourd'hui de passage dans Troie. Tu ne diras pas que c'est un témoin partial. C'est un neutre. Notre Sénat se range à son avis, qui sera demain celui de toutes les nations.

---

1. On a reconnu en Busiris M. Nicolas Politis, ministre de la Grèce en France, professeur honoraire à la faculté de droit de Paris, désigné comme arbitre dans le conflit italo-abyssinien (voir G. Graumann, *op. cit.*, pp. 122-126).

Le vocabulaire employé (« mesures dites défensives-offensives », « mesure offensive-défensive », p. 119), tout comme le « dernier congrès » (p. 119) et « un neutre » (p. 118) est celui de l'entre-deux-guerres. La Société des Nations elle-même siège à Genève, en pays « neutre ».

Cette scène, inspirée par l'actualité (octobre 1935) fut écrite pendant les répétitions. Cependant, l'acteur Auguste Boverio étant tombé malade, elle fut supprimée à la représentation de 1935 et ne s'intégra dans la pièce que pour la reprise de 1937.

HECTOR : Et quel est ton avis ?

BUSIRIS : Mon avis, princes, après constat *de visu* et enquête subséquente, est que les Grecs se sont rendus vis-à-vis de Troie coupables de trois manquements aux règles internationales. Leur permettre de débarquer serait vous retirer cette qualité d'offensés qui vous vaudra, dans le conflit, la sympathie universelle.

HECTOR : Explique-toi.

BUSIRIS : Premièrement ils ont hissé leur pavillon au ramat et non à l'écoutière. Un navire de guerre, princes et chers collègues, hisse sa flamme au ramat dans le seul cas de réponse au salut d'un bateau chargé de bœufs. Devant une ville et sa population, c'est donc le type même de l'insulte. Nous avons d'ailleurs un précédent. Les Grecs ont hissé l'année dernière leur pavillon au ramat en entrant dans le port d'Ophéa. La riposte a été cinglante. Ophéa a déclaré la guerre.

HECTOR : Et qu'est-il arrivé ?

BUSIRIS : Ophéa a été vaincue. Il n'y a plus d'Ophéa, ni d'Ophéens.

HÉCUBE : Parfait.

BUSIRIS : L'anéantissement d'une nation ne modifie en rien l'avantage de sa position morale internationale.

HECTOR : Continue.

BUSIRIS : Deuxièmement, la flotte grecque en pénétrant dans vos eaux territoriales a adopté la formation dite de face. Il avait été question, au dernier congrès, d'inscrire cette formation dans le paragraphe des mesures dites défensives-offensives. J'ai été assez heureux pour obtenir qu'on lui restituât sa vraie qualité de mesure offensive-défensive : elle est donc bel et bien une des formes larvées du front de mer qui est lui-même une forme larvée du blocus, c'est-à-dire qu'elle constitue un manquement au premier degré ! Nous avons aussi un précédent. Les navires grecs, il y a cinq ans, ont adopté la formation de face en ancrant devant Magnésie. Magnésie dans l'heure a déclaré la guerre.

HECTOR : Elle l'a gagnée ?

BUSIRIS : Elle l'a perdue. Il ne subsiste plus une pierre de ses murs. Mais mon paragraphe subsiste.

HÉCUBE : Je t'en félicite. Nous avions eu peur.

HECTOR : Achève.

BUSIRIS : Le troisième manquement est moins grave. Une des trirèmes grecques a accosté sans permission et par traîtrise. Son chef Oiax, le plus brutal et le plus mauvais coucheur des Grecs, monte vers la ville en semant le scandale et la provocation, et criant qu'il veut tuer Pâris. Mais, au point de vue international, ce manquement est négligeable. C'est un manquement qui n'a pas été fait dans les formes.

DEMOKOS : Te voilà renseigné. La situation a deux issues. Encaisser un outrage ou le rendre. Choisis.

HECTOR : Oneah [1], cours au-devant d'Oiax ! Arrange-toi pour le rabattre ici.

PÂRIS : Je l'y attends.

HECTOR : Tu me feras le plaisir de rester au palais jusqu'à ce que je t'appelle. Quant à toi, Busiris, apprends que notre ville n'entend d'aucune façon avoir été insultée par les Grecs.

BUSIRIS : Je n'en suis pas surpris. Sa fierté d'hermine est légendaire.

HECTOR : Tu vas donc, et sur-le-champ, me trouver une thèse qui permette à notre Sénat de dire qu'il n'y a pas eu manquement de la part de nos visiteurs, et à nous, hermines immaculées, de les recevoir en hôtes.

DEMOKOS : Quelle est cette plaisanterie ?

BUSIRIS : C'est contre les faits, Hector.

HECTOR : Mon cher Busiris, nous savons tous ici que le droit est la plus puissante des écoles de l'imagination. Jamais poète n'a interprété la nature aussi librement qu'un juriste la réalité.

BUSIRIS : Le Sénat m'a demandé une consultation, je la donne.

---

1. Oneah ne figure pas dans la liste des personnages (p. 49), non plus que Minos (voir p. 122, 3ᵉ réplique). Il s'agit de vieillards, ou plutôt, puisqu'ils doivent courir, de messagers ou de gardes.

HECTOR : Je te demande, moi, une interprétation. C'est plus juridique encore.

BUSIRIS : C'est contre ma conscience.

HECTOR : Ta conscience a vu périr Ophéa, périr Magnésie, et elle envisage d'un cœur léger la perte de Troie ?

HÉCUBE : Oui. Il est de Syracuse.

HECTOR : Je t'en supplie, Busiris. Il y va de la vie de deux peuples. Aide-nous.

BUSIRIS : Je ne peux vous donner qu'une aide, la vérité.

HECTOR : Justement. Trouve une vérité qui nous sauve. Si le droit n'est pas l'armurier des innocents, à quoi sert-il ? Forge-nous une vérité. D'ailleurs, c'est très simple, si tu ne la trouves pas, nous te gardons ici tant que durera la guerre.

BUSIRIS : Que dites-vous ?

DEMOKOS : Tu abuses de ton rang, Hector !

HÉCUBE : On emprisonne le droit pendant la guerre. On peut bien emprisonner un juriste.

HECTOR : Tiens-le-toi pour dit, Busiris. Je n'ai jamais manqué ni à mes menaces ni à mes promesses. Ou ces gardes te mènent en prison pour des années, ou tu pars ce soir même couvert d'or. Ainsi renseigné, soumets de nouveau la question à ton examen le plus impartial.

BUSIRIS : Évidemment, il y a des recours.

HECTOR : J'en étais sûr.

BUSIRIS : Pour le premier manquement, par exemple, ne peut-on interpréter dans certaines mers bordées de régions fertiles le salut au bateau chargé de bœufs comme un hommage de la marine à l'agriculture ?

HECTOR : En effet, c'est logique. Ce serait en somme le salut de la mer à la terre.

BUSIRIS : Sans compter qu'une cargaison de bétail peut être une cargaison de taureaux. L'hommage en ce cas touche à la flatterie.

HECTOR : Voilà. Tu m'as compris. Nous y sommes.

BUSIRIS : Quant à la formation de face, il est tout

aussi naturel de l'interpréter comme une avance que
comme une provocation. Les femmes qui veulent
avoir des enfants se présentent de face, et non de
flanc.

HECTOR : Argument décisif.

BUSIRIS : D'autant que les Grecs ont à leur proue
des nymphes sculptées gigantesques. Il est permis de
dire que le fait de présenter aux Troyens, non plus le
navire en tant qu'unité navale, mais la nymphe en
tant que symbole fécondant, est juste le contraire
d'une insulte. Une femme qui vient vers vous nue et
les bras ouverts n'est pas une menace, mais une offre.
Une offre à causer en tout cas...

HECTOR : Et voilà notre honneur sauf, Demokos.
Que l'on publie dans la ville la consultation de Busiris, et toi, Minos, cours donner l'ordre au capitaine du
port de faire immédiatement débarquer Ulysse.

DEMOKOS : Cela devient impossible de discuter
d'honneur avec ces anciens combattants [1]. Ils abu-
sent vraiment du fait qu'on ne peut les traiter de
lâches.

LE GÉOMÈTRE : Prononce en tout cas le discours
aux morts, Hector. Cela te fera réfléchir...

HECTOR : Il n'y aura pas de discours aux morts.

PRIAM : La cérémonie le comporte. Le général victorieux doit rendre hommage aux morts quand les
portes se ferment.

HECTOR : Un discours aux morts de la guerre, c'est
un plaidoyer hypocrite pour les vivants, une demande
d'acquittement. C'est la spécialité des avocats [2]. Je ne
suis pas assez sûr de mon innocence...

DEMOKOS : Le commandement est irresponsable.

HECTOR : Hélas ! tout le monde l'est, les dieux

---

1. Terme évidemment anachronique (voir aussi plus loin,
p. 255). Des « associations d'anciens combattants » furent fondées
après la guerre de 14-18.
2. Poincaré, avocat de son métier, inaugurait presque chaque
dimanche un monument aux morts de la guerre. Voir Rebendart,
dans *Bella*, chap. II (*Œuvres romanesques complètes*, Pléiade,
p. 893).

aussi ! D'ailleurs je l'ai fait déjà, mon discours aux morts. Je le leur ai fait à leur dernière minute de vie, alors qu'adossés un peu de biais aux oliviers du champ de bataille, ils disposaient d'un reste d'ouïe et de regard. Et je peux vous répéter ce que je leur ai dit. Et à l'éventré, dont les prunelles tournaient déjà, j'ai dit : « Eh bien, mon vieux, ça ne va pas si mal que ça... » Et à celui dont la massue avait ouvert en deux le crâne : « Ce que tu peux être laid avec ce nez fendu ! » Et à mon petit écuyer, dont le bras gauche pendait et dont fuyait le dernier sang : « Tu as de la chance de t'en tirer avec le bras gauche... » Et je suis heureux de leur avoir fait boire à chacun une suprême goutte à la gourde de la vie. C'était tout ce qu'ils réclamaient, ils sont morts en la suçant... Et je n'ajouterai pas un mot. Fermez les portes.

LA PETITE POLYXÈNE : Il est mort aussi, le petit écuyer [1] ?

HECTOR : Oui, mon chat. Il est mort. Il a soulevé la main droite. Quelqu'un que je ne voyais pas le prenait par sa main valide. Et il est mort.

DEMOKOS : Notre général semble confondre paroles aux mourants et discours aux morts.

PRIAM : Ne t'obstine pas, Hector.

HECTOR : Très bien, très bien, je leur parle...

Il se place au pied des portes.

HECTOR : Ô vous qui ne nous entendez pas, qui ne nous voyez pas, écoutez ces paroles, voyez ce cortège. Nous sommes les vainqueurs. Cela vous est bien égal, n'est-ce pas ? Vous aussi vous l'êtes. Mais, nous, nous sommes les vainqueurs vivants. C'est ici que commence la différence. C'est ici que j'ai honte. Je ne sais si dans la foule des morts on distingue les morts vainqueurs par une cocarde. Les vivants, vainqueurs

---

1. Peut-être s'agit-il d'un souvenir autobiographique. Voir *Carnet des Dardanelles*, p. 63 : « Ouragan de balles autour de nous. Petit zouave tué devant. »

ou non, ont la vraie cocarde, la double cocarde. Ce sont leurs yeux. Nous, nous avons deux yeux, mes pauvres amis. Nous voyons le soleil. Nous faisons tout ce qui se fait dans le soleil. Nous mangeons. Nous buvons... Et dans le clair de lune !... Nous couchons avec nos femmes... Avec les vôtres aussi...

DEMOKOS : Tu insultes les morts, maintenant ?

HECTOR : Vraiment, tu crois ?

DEMOKOS : Ou les morts, ou les vivants.

HECTOR : Il y a une distinction...

PRIAM : Achève, Hector... Les Grecs débarquent...

HECTOR : J'achève... Ô vous qui ne sentez pas, qui ne touchez pas, respirez cet encens, touchez ces offrandes. Puisque enfin c'est un général sincère qui vous parle, apprenez que je n'ai pas une tendresse égale, un respect égal pour vous tous. Tout morts que vous êtes, il y a chez vous la même proportion de braves et de peureux que chez nous qui avons survécu et vous ne me ferez pas confondre, à la faveur d'une cérémonie, les morts que j'admire avec les morts que je n'admire pas. Mais ce que j'ai à vous dire aujourd'hui, c'est que la guerre me semble la recette la plus sordide et la plus hypocrite pour égaliser les humains et que je n'admets pas plus la mort comme châtiment ou comme expiation au lâche que comme récompense aux héros. Aussi, qui que vous soyez, vous absents, vous inexistants, vous oubliés, vous sans occupation, sans repos, sans être, je comprends en effet qu'il faille en fermant ces portes excuser près de vous ces déserteurs que sont les survivants, et ressentir comme un privilège et un vol ces deux biens qui s'appellent, de deux noms dont j'espère que la résonance ne vous atteint jamais, la chaleur et le ciel.

LA PETITE POLYXÈNE : Les portes se ferment, maman !

HÉCUBE : Oui, chérie.

LA PETITE POLYXÈNE : Ce sont les morts qui les poussent.

HÉCUBE : Ils aident, un petit peu.

LA PETITE POLYXÈNE : Ils aident bien, surtout à droite.

HECTOR : C'est fait ? Elles sont fermées ?

LE GARDE : Un coffre-fort...

HECTOR : Nous sommes en paix, père, nous sommes en paix.

HÉCUBE : Nous sommes en paix !

LA PETITE POLYXÈNE : On se sent bien mieux, n'est-ce pas, maman ?

HECTOR : Vraiment, chérie !

LA PETITE POLYXÈNE : Moi je me sens bien mieux.

La musique des Grecs éclate.

UN MESSAGER : Leurs équipages ont mis pied à terre, Priam !

DEMOKOS : Quelle musique ! Quelle horreur de musique ! C'est de la musique antitroyenne au plus haut point ! Allons les recevoir comme il convient.

HECTOR : Recevez-les royalement et qu'ils soient ici sans encombre. Vous êtes responsables !

LE GÉOMÈTRE : Opposons-leur en tout cas la musique troyenne. Hector, à défaut d'autre indignation, autorisera peut-être le conflit musical ?

LA FOULE : Les Grecs ! Les Grecs !

UN MESSAGER : Ulysse est sur l'estacade, Priam ! Où faut-il le conduire ?

PRIAM : Ici même. Préviens-nous au palais... Toi aussi, viens, Pâris. Tu n'as pas trop à circuler, en ce moment.

HECTOR : Allons préparer notre discours aux Grecs, père.

DEMOKOS : Prépare-le un peu mieux que celui aux morts, tu trouveras plus de contradiction. *(Priam et ses fils sortent.)* Tu t'en vas aussi, Hécube ? Tu t'en vas sans nous avoir dit à quoi ressemblait la guerre ?

HÉCUBE : Tu tiens à le savoir ?

DEMOKOS : Si tu l'as vue, dis-le.

HÉCUBE : A un cul de singe. Quand la guenon est montée à l'arbre et nous montre un fondement rouge, tout squameux et glacé, ceint d'une perruque immonde, c'est exactement la guerre que l'on voit, c'est son visage.

DEMOKOS : Avec celui d'Hélène, cela lui en fait deux.

Il sort.

ANDROMAQUE : La voilà justement, Hélène. Polyxène, tu te rappelles bien ce que tu as à lui dire ?
LA PETITE POLYXÈNE : Oui...
ANDROMAQUE : Va...

Scène sixième

HÉLÈNE, LA PETITE POLYXÈNE

HÉLÈNE : Tu veux me parler, chérie ?

LA PETITE POLYXÈNE : Oui, tante Hélène.

HÉLÈNE : Ça doit être important, tu es toute raide. Et tu te sens toute raide aussi, je parie ?

LA PETITE POLYXÈNE : Oui, tante Hélène.

HÉLÈNE : C'est une chose que tu ne peux pas me dire sans être raide ?

LA PETITE POLYXÈNE : Non, tante Hélène.

HÉLÈNE : Alors, dis-le vite. Tu me fais mal, raide comme cela.

LA PETITE POLYXÈNE : Tante Hélène, si vous nous aimez, partez !

HÉLÈNE : Pourquoi partirais-je, chérie ?

LA PETITE POLYXÈNE : A cause de la guerre.

HÉLÈNE : Tu sais déjà ce que c'est, la guerre ?

LA PETITE POLYXÈNE : Je ne sais pas très bien. Je crois qu'on meurt.

HÉLÈNE : La mort aussi tu sais ce que c'est ?

LA PETITE POLYXÈNE : Je ne sais pas non plus très bien. Je crois qu'on ne sent plus rien.

HÉLÈNE : Qu'est-ce qu'Andromaque t'a dit au juste de me demander ?

LA PETITE POLYXÈNE : De partir, si vous nous aimez.

HÉLÈNE : Cela ne me paraît pas très logique. Si tu aimais quelqu'un, tu le quitterais ?

LA PETITE POLYXÈNE : Oh ! non ! jamais !

HÉLÈNE : Qu'est-ce que tu préférerais, quitter Hécube ou ne plus rien sentir ?

LA PETITE POLYXÈNE : Oh ! ne rien sentir ! Je préférerais rester et ne plus jamais rien sentir...

HÉLÈNE : Tu vois comme tu t'exprimes mal ! Pour que je parte, au contraire, il faudrait que je ne vous aime pas. Tu préfères que je ne t'aime pas ?

LA PETITE POLYXÈNE : Oh ! non ! que vous m'aimiez !

HÉLÈNE : Tu ne sais pas ce que tu dis, en somme ?

LA PETITE POLYXÈNE : Non...

VOIX D'HÉCUBE : Polyxène !

Scène septième

LES MÊMES, HÉCUBE, ANDROMAQUE

HÉCUBE : Tu es sourde, Polyxène ? Et qu'as-tu à fermer les yeux en me voyant ? Tu joues à la statue ? Viens avec moi.

HÉLÈNE : Elle s'entraîne à ne rien sentir. Mais elle n'est pas douée.

HÉCUBE : Enfin, est-ce que tu m'entends, Polyxène ? Est-ce que tu me vois ?

LA PETITE POLYXÈNE : Oh ! oui ! Je t'entends. Je te vois.

HÉCUBE : Pourquoi pleures-tu ? Il n'y a pas de mal à me voir et à m'entendre.

LA PETITE POLYXÈNE : Si... Tu partiras...

HÉCUBE : Vous me ferez le plaisir de laisser désormais Polyxène tranquille, Hélène. Elle est trop sensible pour toucher l'insensible, fût-ce à travers votre belle robe et votre belle voix.

HÉLÈNE : C'est bien mon avis. Je conseille à Andromaque de faire ses commissions elle-même. Embrasse-moi, Polyxène. Je pars ce soir, puisque tu y tiens.

LA PETITE POLYXÈNE : Ne partez pas ! Ne partez pas !

HÉLÈNE : Bravo ! Te voilà souple...

HÉCUBE : Tu viens, Andromaque ?

ANDROMAQUE : Non, je reste.

Scène huitième

HÉLÈNE, ANDROMAQUE

HÉLÈNE : L'explication, alors ?

ANDROMAQUE : Je crois qu'il la faut.

HÉLÈNE : Écoutez-les crier et discuter là-bas, tous tant qu'ils sont ! Cela ne suffit pas ? Il faut encore que les belles-sœurs s'expliquent ? S'expliquent quoi, puisque je pars ?

ANDROMAQUE : Que vous partiez ou non, ce n'est plus la question, Hélène.

HÉLÈNE : Dites cela à Hector. Vous faciliterez sa journée.

ANDROMAQUE : Oui, Hector s'accroche à l'idée de votre départ. Il est comme tous les hommes. Il suffit d'un lièvre pour le détourner du fourré où est la panthère. Le gibier des hommes peut se chasser ainsi. Pas celui des dieux.

HÉLÈNE : Si vous avez découvert ce qu'ils veulent, les dieux, dans toute cette histoire, je vous félicite.

ANDROMAQUE : Je ne sais pas si les dieux veulent quelque chose. Mais l'univers veut quelque chose. Depuis ce matin, tout me semble le réclamer, le crier, l'exiger, les hommes, les bêtes, les plantes... Jusqu'à cet enfant en moi...

HÉLÈNE : Ils réclament quoi ?

ANDROMAQUE : Que vous aimiez Pâris.

HÉLÈNE : S'ils savent que je n'aime point Pâris, ils sont mieux renseignés que moi.

ANDROMAQUE : Vous ne l'aimez pas ! Peut-être

pourriez-vous l'aimer. Mais, pour le moment, c'est dans un malentendu que vous vivez tous deux.

HÉLÈNE : Je vis avec lui dans la bonne humeur, dans l'agrément, dans l'accord. Le malentendu de l'entente, je ne vois pas très bien ce que cela peut être.

ANDROMAQUE : Vous ne l'aimez pas. On ne s'entend pas, dans l'amour. La vie de deux époux qui s'aiment, c'est une perte de sang-froid perpétuelle. La dot des vrais couples est la même que celle des couples faux : le désaccord originel. Hector est le contraire de moi. Il n'a aucun de mes goûts. Nous passons notre journée ou à nous vaincre l'un l'autre ou à nous sacrifier. Les époux amoureux n'ont pas le visage clair.

HÉLÈNE : Et si mon teint était de plomb, quand j'approche Pâris, et mes yeux blancs, et mes mains moites, vous pensez que Ménélas en serait transporté, les Grecs épanouis ?

ANDROMAQUE : Peu importerait alors ce que pensent les Grecs !

HÉLÈNE : Et la guerre n'aurait pas lieu ?

ANDROMAQUE : Peut-être, en effet, n'aurait-elle pas lieu ! Peut-être, si vous vous aimiez, l'amour appellerait-il à son secours l'un de ses égaux, la générosité, l'intelligence... Personne, même le destin, ne s'attaque d'un cœur léger à la passion... Et même si elle avait lieu, tant pis !

HÉLÈNE : Ce ne serait sans doute pas la même guerre ?

ANDROMAQUE : Oh ! non, Hélène ! Vous sentez bien ce qu'elle sera, cette lutte. Le sort ne prend pas tant de précautions pour un combat vulgaire. Il veut construire l'avenir sur elle, l'avenir de nos races, de nos peuples, de nos raisonnements. Et que nos idées et que notre avenir soient fondés sur l'histoire d'une femme et d'un homme qui s'aimaient, ce n'est pas si mal. Mais il ne voit pas que vous n'êtes qu'un couple officiel... Penser que nous allons souffrir, mourir, pour un couple officiel, que la splendeur ou le malheur des âges, que les habitudes des cerveaux et des siècles vont se fonder sur l'aventure de deux êtres qui ne s'aimaient pas, c'est là l'horreur.

HÉLÈNE : Si tous croient que nous nous aimons, cela revient au même.

ANDROMAQUE : Ils ne le croient pas. Mais aucun n'avouera qu'il ne le croit pas. Aux approches de la guerre, tous les êtres sécrètent une nouvelle sueur, tous les événements revêtent un nouveau vernis, qui est le mensonge. Tous mentent. Nos vieillards n'adorent pas la beauté, ils s'adorent eux-mêmes, ils adorent la laideur. Et l'indignation des Grecs est un mensonge. Dieu sait s'ils se moquent de ce que vous pouvez faire avec Pâris, les Grecs ! Et leurs bateaux qui accostent là-bas dans les banderoles et les hymnes [1], c'est un mensonge de la mer. Et la vie de mon fils, et la vie d'Hector vont se jouer sur l'hypocrisie et le simulacre. C'est épouvantable !

HÉLÈNE : Alors ?

ANDROMAQUE : Alors je vous en supplie, Hélène. Vous me voyez là pressée contre vous comme si je vous suppliais de m'aimer. Aimez Pâris ! Ou dites-moi que je me trompe ! Dites-moi que vous vous tuerez s'il mourait ! Que vous accepterez qu'on vous défigure pour qu'il vive !... Alors la guerre ne sera plus qu'un fléau, pas une injustice. J'essaierai de la supporter.

HÉLÈNE : Chère Andromaque, tout cela n'est pas si simple. Je ne passe point mes nuits, je l'avoue, à réfléchir sur le sort des humains, mais il m'a toujours semblé qu'ils se partageaient en deux sortes. Ceux qui sont, si vous voulez, la chair de la vie humaine. Et

---

1. C'est dans un décor visuel et sonore semblable que les négociations de Stresa et Isola Bella avaient débuté : « Un canot automobile a conduit le Duce à l'embarcadère du village, pavoisé aux couleurs italiennes, françaises et anglaises.

[...] En haut de la dixième terrasse du jardin flotte le pavillon bleu du Duce, sur lequel se détache, en or, la hache du licteur » (*Le Temps,* 11 avril 1935). Quand le train officiel entre en gare, « un bataillon du 54e d'Infanterie avec musique et drapeaux a présenté les armes [...] la musique militaire joue *La Marseillaise* » (*Le Figaro,* 11 avril 1935).

ceux qui en sont l'ordonnance, l'allure. Les premiers ont le rire, les pleurs, et tout ce que vous voudrez en sécrétions. Les autres ont le geste, la tenue, le regard. Si vous les obligez à ne faire qu'une race, cela ne va plus aller du tout. L'humanité doit autant à ses vedettes qu'à ses martyrs.

ANDROMAQUE : Hélène !

HÉLÈNE : D'ailleurs vous êtes difficile... Je ne le trouve pas si mal que cela, mon amour. Il me plaît, à moi. Évidemment cela ne tire pas sur mon foie ou ma rate quand Pâris m'abandonne pour le jeu de boules ou la pêche au congre. Mais je suis commandée par lui, aimantée par lui. L'aimantation, c'est aussi un amour, autant que la promiscuité. C'est une passion autrement ancienne et féconde que celle qui s'exprime par les yeux rougis de pleurs ou se manifeste par le frottement. Je suis aussi à l'aise dans cet amour qu'une étoile dans sa constellation. J'y gravite, j'y scintille, c'est ma façon à moi de respirer et d'étreindre. On voit très bien les fils qu'il peut produire, cet amour, de grands êtres clairs, bien distincts, avec des doigts annelés et un nez court. Qu'est-ce qu'il va devenir, si j'y verse la jalousie, la tendresse et l'inquiétude ! Le monde est déjà si nerveux : voyez vous-même !

ANDROMAQUE : Versez-y la pitié, Hélène. C'est la seule aide dont ait besoin le monde.

HÉLÈNE : Voilà, cela devait venir, le mot est dit.

ANDROMAQUE : Quel mot ?

HÉLÈNE : Le mot pitié. Adressez-vous ailleurs. Je ne suis pas très forte en pitié.

ANDROMAQUE : Parce que vous ne connaissez pas le malheur !

HÉLÈNE : Je le connais très bien. Et les malheureux aussi. Et nous sommes très à l'aise ensemble. Tout enfant, je passais mes journées dans les huttes collées au palais, avec les filles de pêcheurs, à dénicher et à élever des oiseaux. Je suis née d'un oiseau [1], de là, j'imagine, cette passion. Et tous les malheurs du corps humain, pourvu qu'ils aient un rapport avec les oiseaux, je les connais en détail : le corps du père rejeté par la marée au petit matin, tout rigide, avec une tête de plus en plus énorme et frissonnante car les mouettes s'assemblent pour picorer les yeux, et le corps de la mère ivre plumant vivant notre merle apprivoisé, et celui de la sœur surprise dans la haie avec l'ilote de service au-dessous du nid de fauvettes en émoi. Et mon amie au chardonneret était difforme, et mon amie au bouvreuil était phtisique. Et malgré ces ailes que je prêtais au genre humain, je le voyais ce qu'il est, rampant, malpropre, et misérable. Mais jamais je n'ai eu le sentiment qu'il exigeait la pitié.

ANDROMAQUE : Parce que vous ne le jugez digne que de mépris.

HÉLÈNE : C'est à savoir. Cela peut venir aussi de ce que, tous ces malheureux, je les sens mes égaux, de ce que je les admets, de ce que, ma santé, ma beauté et ma gloire, je ne les juge pas très supérieures à leur misère. Cela peut être de la fraternité.

ANDROMAQUE : Vous blasphémez, Hélène.

HÉLÈNE : Les gens ont pitié des autres dans la mesure où ils auraient pitié d'eux-mêmes. Le malheur ou la laideur sont des miroirs qu'ils ne supportent pas. Je n'ai aucune pitié pour moi. Vous verrez, si la guerre éclate. Je supporte la faim, le mal sans souffrir, mieux que vous. Et l'injure. Si vous croyez que je n'entends pas les Troyennes sur mon passage ! Et elles me traitent de garce ! Et elles disent que le matin j'ai l'œil jaune. C'est faux ou c'est vrai. Mais cela m'est égal, si égal !

---

1. Rappel de la légende connue : Zeus, transformé en cygne, aima Léda qui pondit deux œufs dont naquirent Pollux et Clytemnestre, Hélène et Castor. On trouve une allusion à cette histoire dans *Électre* : « Tout le monde ne peut pas être comme ta tante Léda et pondre des œufs » (acte II, scène v, Pléiade, p. 654).

ANDROMAQUE : Arrêtez-vous, Hélène !

HÉLÈNE : Et si vous croyez que mon œil, dans ma collection de chromos en couleurs, comme dit votre mari, ne me montre pas parfois une Hélène vieillie [1], avachie, édentée, suçotant accroupie quelque confiture dans sa cuisine ! Et ce que le plâtre de mon grimage peut éclater de blancheur ! Et ce que la groseille peut être rouge ! Et ce que c'est coloré et sûr et certain !... Cela m'est complètement indifférent.

ANDROMAQUE : Je suis perdue...

HÉLÈNE : Pourquoi ? S'il suffit d'un couple parfait pour vous faire admettre la guerre, il y a toujours le vôtre, Andromaque.

---

1. Comme celle de Ronsard, « au soir, à la chandelle » (*Sonnets à Hélène*, II, XXIV).

Scène neuvième

HÉLÈNE, ANDROMAQUE, OIAX, puis HECTOR

OIAX : Où est-il ? Où se cache-t-il ? Un lâche ! Un Troyen !

HECTOR : Qui cherchez-vous ?

OIAX : Je cherche Pâris...

HECTOR : Je suis son frère.

OIAX : Belle famille ! Je suis Oiax ! Qui es-tu ?

HECTOR : On m'appelle Hector.

OIAX : Moi je t'appelle beau-frère de pute !

HECTOR : Je vois que la Grèce nous a envoyé des négociateurs. Que voulez-vous ?

OIAX : La guerre !

HECTOR : Rien à espérer. Vous la voulez pourquoi ?

OIAX : Ton frère a enlevé Hélène.

HECTOR : Elle était consentante, à ce que l'on m'a dit.

OIAX : Une Grecque fait ce qu'elle veut. Elle n'a pas à te demander la permission. C'est un cas de guerre.

HECTOR : Nous pouvons vous offrir des excuses.

OIAX : Les Troyens n'offrent pas d'excuses. Nous ne partirons d'ici qu'avec votre déclaration de guerre.

HECTOR : Déclarez-la vous-mêmes.

OIAX : Parfaitement, nous la déclarerons, et dès ce soir.

HECTOR : Vous mentez. Vous ne la déclarerez pas. Aucune île de l'archipel ne vous suivra si nous ne sommes pas les responsables... Nous ne le serons pas.

OIAX : Tu ne la déclareras pas, toi, personnellement, si je te déclare que tu es un lâche ?

HECTOR : C'est un genre de déclaration que j'accepte.

OIAX : Je n'ai jamais vu manquer à ce point de réflexe militaire !... Si je te dis ce que la Grèce entière pense de Troie, que Troie est le vice, la bêtise ?...

HECTOR : Troie est l'entêtement. Vous n'aurez pas la guerre.

OIAX : Si je crache sur elle ?

HECTOR : Crachez.

OIAX : Si je te frappe, toi son prince ?

HECTOR : Essayez.

OIAX : Si je frappe en plein visage le symbole de sa vanité et de son faux honneur ?

HECTOR : Frappez...

OIAX, le giflant : Voilà... Si madame est ta femme, madame peut être fière.

HECTOR : Je la connais... Elle est fière.

Scène dixième

LES MÊMES, DEMOKOS

DEMOKOS : Quel est ce vacarme ! Que veut cet ivrogne, Hector ?

HECTOR : Il ne veut rien. Il a ce qu'il veut.

DEMOKOS : Que se passe-t-il, Andromaque ?

ANDROMAQUE : Rien.

OIAX : Deux fois rien. Un Grec gifle Hector, et Hector encaisse.

DEMOKOS : C'est vrai, Hector ?

HECTOR : Complètement faux, n'est-ce pas, Hélène ?

HÉLÈNE : Les Grecs sont très menteurs. Les hommes grecs.

OIAX : C'est de nature qu'il a une joue plus rouge que l'autre ?

HECTOR : Oui. Je me porte bien de ce côté-là.

DEMOKOS : Dis la vérité, Hector. Il a osé porter la main sur toi ?

HECTOR : C'est mon affaire.

DEMOKOS : C'est affaire de guerre. Tu es la statue même de Troie.

HECTOR : Justement. On ne gifle pas les statues.

DEMOKOS : Qui es-tu, brute ? Moi, je suis Demokos, second fils d'Achichaos !

OIAX : Second fils d'Achichaos ? Enchanté. Dis-moi, cela est-il aussi grave de gifler un second fils d'Achichaos que de gifler Hector ?

DEMOKOS : Tout aussi grave, ivrogne. Je suis chef

du Sénat. Si tu veux la guerre, la guerre jusqu'à la mort, tu n'as qu'à essayer.

OIAX : Voilà... J'essaie.

Il gifle Demokos.

DEMOKOS : Troyens ! Soldats ! Au secours !

HECTOR : Tais-toi, Demokos !

DEMOKOS : Aux armes ! On insulte Troie ! Vengeance !

HECTOR : Je te dis de te taire.

DEMOKOS : Je crierai ! J'ameuterai la ville !

HECTOR : Tais-toi !... Ou je te gifle !

DEMOKOS : Priam ! Anchise [1] ! Venez voir la honte de Troie. Elle a Hector pour visage.

HECTOR : Tiens !

Hector a giflé Demokos. Oiax s'esclaffe.

1. Le père d'Énée, le plus vaillant des Troyens après Hector.

Scène onzième

LES MÊMES, PRIAM ET LES NOTABLES, PÂRIS

Pendant la scène, Priam et les notables viennent se grouper en face du passage par où doit entrer Ulysse.

PRIAM : Pourquoi ces cris, Demokos ?

DEMOKOS : On m'a giflé.

OIAX : Va te plaindre à Achichaos !

PRIAM : Qui t'a giflé ?

DEMOKOS : Hector ! Oiax ! Hector ! Oiax [1] !

PÂRIS : Qu'est-ce qu'il raconte ? Il est fou !

HECTOR : On ne l'a pas giflé du tout, n'est-ce pas, Hélène ?

HÉLÈNE : Je regardais pourtant bien, je n'ai rien vu.

OIAX : Ses deux joues sont de la même couleur.

PÂRIS : Les poètes s'agitent souvent sans raison. C'est ce qu'ils appellent leurs transes. Il va nous en sortir notre chant national.

DEMOKOS : Tu me le paieras, Hector...

DES VOIX : Ulysse. Voici Ulysse...

Oiax s'est avancé tout cordial vers Hector.

OIAX : Bravo ! Du cran. Noble adversaire. Belle gifle...

1. Cacophonie semblable aux « Brekekex » et aux « Coax-coax » des *Grenouilles* d'Aristophane citées par Giraudoux dans *Carnet des Dardanelles*, p. 63. Voir aussi acte II, scène XIV, p. 163 (9ᵉ réplique) : « Il meurt, comme il a vécu, en coassant. »

HECTOR : J'ai fait de mon mieux.

OIAX : Excellente méthode aussi. Coude fixe. Poignet biaisé. Grande sécurité pour carpe et métacarpe. Ta gifle doit être plus forte que la mienne.

HECTOR : J'en doute.

OIAX : Tu dois admirablement lancer le javelot avec ce radius en fer et ce cubitus à pivot.

HECTOR : Soixante-dix mètres [1].

OIAX : Révérence ! Mon cher Hector, excuse-moi. Je retire mes menaces. Je retire ma gifle. Nous avons des ennemis communs, ce sont les fils d'Achichaos. Je ne me bats pas contre ceux qui ont avec moi pour ennemis les fils d'Achichaos. Ne parlons plus de guerre. Je ne sais pas ce qu'Ulysse rumine, mais compte sur moi pour arranger l'histoire...

Il va au-devant d'Ulysse avec lequel il rentrera.

ANDROMAQUE : Je t'aime, Hector.

HECTOR, montrant sa joue : Oui. Mais ne m'embrasse pas encore tout de suite, veux-tu ?

ANDROMAQUE : Tu as gagné encore ce combat. Aie confiance.

HECTOR : Je gagne chaque combat. Mais de chaque victoire l'enjeu s'envole.

1. Allusion à l'actualité sportive : le record français n'était que de 61,34 m (depuis 1928), tandis que le record olympique du Finlandais Jarvinen atteint 72,71 m en 1932. G. Graumann voit dans cette performance d'Hector une allusion à la défaite de la France dans un match international d'athlétisme où un Allemand, Stock, avait jeté le javelot à 69,82 m (*op. cit.*, p. 23).

Scène douzième

PRIAM, HECTOR, PÂRIS, HÉLÈNE, HÉCUBE,
LES TROYENS, LES VIEILLARDS
(ABNÉOS, ANCHISE), LE GABIER, OLPIDÈS,
IRIS, LES TROYENNES, ULYSSE, OIAX
ET LEUR SUITE

ULYSSE : Priam et Hector, je pense [1] ?

PRIAM : Eux-mêmes. Et derrière eux, Troie, et les faubourgs de Troie, et la campagne de Troie, et l'Hellespont, et ce pays comme un poing fermé qui est la Phrygie. Vous êtes Ulysse ?

ULYSSE : Je suis Ulysse.

PRIAM : Et voilà Anchise. Et derrière lui, la Thrace, le Pont, et cette main ouverte qu'est la Tauride.

ULYSSE : Beaucoup de monde pour une conversation diplomatique.

PRIAM : Et voici Hélène.

ULYSSE : Bonjour, reine.

HÉLÈNE : J'ai rajeuni ici, Ulysse. Je ne suis plus que princesse.

PRIAM : Nous vous écoutons.

OIAX : Ulysse, parle à Priam. Moi je parle à Hector.

ULYSSE : Priam, nous sommes venus pour reprendre Hélène.

OIAX : Tu le comprends, n'est-ce pas, Hector ? Ça ne pouvait pas se passer comme ça !

1. Selon G. Graumann, parodie, dans la présentation, de la rencontre entre Stanley et Livingstone (*op. cit.* p. 130).

ULYSSE : La Grèce et Ménélas crient vengeance.

OIAX : Si les maris trompés ne criaient pas vengeance, qu'est-ce qu'il leur resterait ?

ULYSSE : Qu'Hélène nous soit donc rendue dans l'heure même. Ou c'est la guerre.

OIAX : Il y a les adieux à faire.

HECTOR : Et c'est tout ?

ULYSSE : C'est tout.

OIAX : Ce n'est pas long, tu vois, Hector ?

HECTOR : Ainsi, si nous vous rendons Hélène, vous nous assurez la paix.

OIAX : Et la tranquillité.

HECTOR : Si elle s'embarque dans l'heure, l'affaire est close.

OIAX : Et liquidée.

HECTOR : Je crois que nous allons pouvoir nous entendre, n'est-ce pas, Hélène ?

HÉLÈNE : Oui, je le pense.

ULYSSE : Vous ne voulez pas dire qu'Hélène va nous être rendue ?

HECTOR : Cela même. Elle est prête.

OIAX : Pour les bagages, elle en aura toujours plus au retour qu'elle n'en avait au départ.

HECTOR : Nous vous la rendons, et vous garantissez la paix. Plus de représailles, plus de vengeance ?

OIAX : Une femme perdue, une femme retrouvée, et c'est justement la même. Parfait ! N'est-ce pas, Ulysse ?

ULYSSE : Pardon ! Je ne garantis rien. Pour que nous renoncions à toutes représailles, il faudrait qu'il n'y eût pas prétexte à représailles. Il faudrait que Ménélas retrouvât Hélène dans l'état même où elle lui fut ravie.

HECTOR : A quoi reconnaîtra-t-il un changement ?

ULYSSE : Un mari est subtil quand un scandale mondial l'a averti. Il faudrait que Pâris eût respecté Hélène. Et ce n'est pas le cas...

LA FOULE : Ah ! non. Ce n'est pas le cas !

DES VOIX : Pas précisément !

HECTOR : Et si c'était le cas ?

ULYSSE : Où voulez-vous en venir, Hector ?

HECTOR : Pâris n'a pas touché Hélène. Tous deux m'ont fait leurs confidences.

ULYSSE : Quelle est cette histoire ?

HECTOR : La vraie histoire, n'est-ce pas, Hélène ?

HÉLÈNE : Qu'a-t-elle d'extraordinaire ?

UNE VOIX : C'est épouvantable ! Nous sommes déshonorés !

HECTOR : Qu'avez-vous à sourire, Ulysse ? Vous voyez sur Hélène le moindre indice d'une défaillance à son devoir ?

ULYSSE : Je ne le cherche pas. L'eau sur le canard marque mieux que la souillure sur la femme.

PÂRIS : Tu parles à une reine,

ULYSSE : Exceptons les reines naturellement... Ainsi, Pâris, vous avez enlevé cette reine, vous l'avez enlevée nue ; vous-même, je pense, n'étiez pas dans l'eau avec cuissard et armure ; et aucun goût d'elle, aucun désir d'elle ne vous a saisi ?

PÂRIS : Une reine nue est couverte par sa dignité.

HÉLÈNE : Elle n'a qu'à ne pas s'en dévêtir.

ULYSSE : Combien a duré le voyage ? J'ai mis trois jours avec mes vaisseaux, et ils sont plus rapides que les vôtres.

DES VOIX : Quelles sont ces intolérables insultes à la marine troyenne ?

UNE VOIX : Vos vents sont plus rapides ! Pas vos vaisseaux !

ULYSSE : Mettons trois jours, si vous voulez. Où était la reine, pendant ces trois jours ?

PÂRIS : Sur le pont, étendue.

ULYSSE : Et Pâris. Dans la hune ?

HÉLÈNE : Étendu près de moi.

ULYSSE : Il lisait, près de vous ? Il pêchait la dorade ?

HÉLÈNE : Parfois il m'éventait.

ULYSSE : Sans jamais vous toucher ?...

HÉLÈNE : Un jour, le deuxième, il m'a baisé la main.

ULYSSE : La main ! Je vois. Le déchaînement de la brute.

HÉLÈNE : J'ai cru digne de ne pas m'en apercevoir.

ULYSSE : Le roulis ne vous a pas poussés l'un vers l'autre ?... Je pense que ce n'est pas insulter la marine troyenne de dire que ses bateaux roulent...

UNE VOIX : Ils roulent beaucoup moins que les bateaux grecs ne tanguent.

OIAX : Tanguer, nos bateaux grecs ! S'ils ont l'air de tanguer, c'est à cause de leur proue surélevée et de leur arrière qu'on évide !...

UNE VOIX : Oh ! oui ! La face arrogante et le cul plat, c'est tout grec...

ULYSSE : Et les trois nuits ? Au-dessus de votre couple, les étoiles ont paru et disparu trois fois. Rien ne vous est demeuré, Hélène, de ces trois nuits ?

HÉLÈNE : Si... Si ! J'oubliais ! Une bien meilleure science des étoiles.

ULYSSE : Pendant que vous dormiez, peut-être... il vous a prise...

HÉLÈNE : Un moucheron m'éveille...

HECTOR : Tous deux vous le jureront, si vous voulez, sur votre déesse Aphrodite.

ULYSSE : Je leur en fais grâce. Je la connais, Aphrodite ! Son serment favori c'est le parjure... Curieuse histoire, et qui va détruire dans l'Archipel l'idée qu'il y avait des Troyens [1].

PÂRIS : Que pensait-on des Troyens, dans l'Archipel ?

ULYSSE : On les y croit moins doués que nous pour le négoce, mais beaux et irrésistibles. Poursuivez vos confidences, Pâris. C'est une intéressante contribution à la physiologie. Quelle raison a bien pu vous pousser à respecter Hélène quand vous l'aviez à merci ?...

PÂRIS : Je... je l'aimais.

---

1. L'éditeur de la Pléiade propose de rétablir le texte de *manuscrit 2* et *dactylographie 1*. « L'idée qu'il avait des Troyens. » Mais on peut aussi comprendre « il y a une idée » au sens de « on a une idée », donc conserver le texte définitif.

HÉLÈNE : Si vous ne savez pas ce que c'est que l'amour, Ulysse, n'abordez pas ces sujets-là.

ULYSSE : Avouez, Hélène, que vous ne l'auriez pas suivi, si vous aviez su que les Troyens sont impuissants...

UNE VOIX : C'est une honte !

UNE VOIX : Qu'on le musèle.

UNE VOIX : Amène ta femme, et tu verras.

UNE VOIX : Et ta grand-mère !

ULYSSE : Je me suis mal exprimé. Que Pâris, le beau Pâris, fût impuissant...

UNE VOIX : Est-ce que tu vas parler, Pâris ? Vas-tu nous rendre la risée du monde ?

PÂRIS : Hector, vois comme ma situation est désagréable !

HECTOR : Tu n'en as plus que pour une minute... Adieu, Hélène. Et que ta vertu devienne aussi proverbiale qu'aurait pu l'être ta facilité.

HÉLÈNE : Je n'avais pas d'inquiétude. Les siècles vous donnent toujours le mérite qui est le vôtre.

ULYSSE : Pâris l'impuissant, beau surnom !... Vous pouvez l'embrasser, Hélène, pour une fois.

PÂRIS : Hector !

LE PREMIER GABIER : Est-ce que vous allez supporter cette farce, commandant ?

HECTOR : Tais-toi ! C'est moi qui commande ici !

LE GABIER : Vous commandez mal ! Nous, les gabiers de Pâris, nous en avons assez. Je vais le dire, moi, ce qu'il a fait à votre reine !...

DES VOIX : Bravo ! Parle !

LE GABIER : Il se sacrifie sur l'ordre de son frère. Moi, j'étais officier de bord. J'ai tout vu.

HECTOR : Tu t'es trompé.

LE GABIER : Vous pensez qu'on trompe l'œil d'un marin troyen ? A trente pas je reconnais les mouettes borgnes. Viens à mon côté, Olpidès. Il était dans la hune, celui-là. Il a tout vu d'en haut. Moi, ma tête passait de l'escalier des soutes. Elle était juste à leur hauteur, comme un chat devant un lit... Faut-il le dire, Troyens ?

HECTOR : Silence.

DES VOIX : Parle ! Qu'il parle !

LE GABIER : Et il n'y avait pas deux minutes qu'ils étaient à bord, n'est-ce pas, Olpidès ?

OLPIDÈS : Le temps d'éponger la reine et de refaire sa raie. Vous pensez si je voyais la raie de la reine, du front à la nuque, de là-haut.

LE GABIER : Et il nous a tous envoyés dans la cale, excepté nous deux qu'il n'a pas vus...

OLPIDÈS : Et sans pilote, le navire filait droit nord. Sans vents, la voile était franc grosse [1]...

LE GABIER : Et de ma cachette, quand j'aurais dû voir la tranche d'un seul corps, toute la journée j'ai vu la tranche de deux, un pain de seigle sur un pain de blé... Des pains qui cuisaient, qui levaient. De la vraie cuisson.

OLPIDÈS : Et moi d'en haut j'ai vu plus souvent un seul corps que deux, tantôt blanc, comme le gabier le dit, tantôt doré. A quatre bras et quatre jambes...

LE GABIER : Voilà pour l'impuissance ! Et pour l'amour moral, Olpidès, pour la partie affection, dis ce que tu entendais de ton tonneau ! Les paroles des femmes montent, celles des hommes s'étalent. Je dirai ce que disait Pâris...

OLPIDÈS : Elle l'a appelé sa perruche, sa chatte.

LE GABIER : Lui son puma [2], son jaguar. Ils intervertissaient les sexes. C'est de la tendresse. C'est bien connu.

OLPIDÈS : Tu es mon hêtre, disait-elle aussi. Je

1. Terme technique de marine qui semble forgé par contamination entre une mer... grosse, et un « franc scélérat » ou « parler franc ».
2. Au moment de la reprise, en novembre 1937, Jean Giraudoux écrit de New York à Louis Jouvet de « faire remplacer [...] le mot *puma* par le mot *léopard* (ou *guépard* ou *ocelot*) ». Et il ajoutait : « absolument indispensable et urgent ». On a cherché à cette modification des raisons logiques, stylistiques ou... zoologiques. En fait « Puma » était le surnom affectueux donné par Jean Giraudoux à une amie argentine...

t'étreins juste comme un hêtre, disait-elle... Sur la mer on pense aux arbres.

LE GABIER : Et toi mon bouleau, lui disait-il, mon bouleau frémissant ! Je me rappelle bien le mot bouleau. C'est un arbre russe.

OLPIDÈS : Et j'ai dû rester jusqu'à la nuit dans la hune. On a faim et soif là-haut. Et le reste.

LE GABIER : Et quand ils se désenlaçaient, ils se léchaient du bout de la langue, parce qu'ils se trouvaient salés.

OLPIDÈS : Et quand ils se sont mis debout, pour aller enfin se coucher, ils chancelaient...

LE GABIER : Et voilà ce qu'elle aurait eu, ta Pénélope avec cet impuissant.

DES VOIX : Bravo ! Bravo !

UNE VOIX DE FEMME : Gloire à Pâris !

UN HOMME JOVIAL : Rendons à Pâris ce qui revient à Pâris [1] !

HECTOR : Ils mentent, n'est-ce pas, Hélène ?

ULYSSE : Hélène écoute, charmée.

HÉLÈNE : J'oubliais qu'il s'agissait de moi. Ces hommes ont de la conviction.

ULYSSE : Ose dire qu'ils mentent, Pâris ?

PÂRIS : Dans les détails, quelque peu.

LE GABIER : Ni dans le gros ni dans les détails. N'est-ce pas, Olpidès ? Vous contestez vos expressions d'amour, commandant ? Vous contestez le mot puma ?

PÂRIS : Pas spécialement le mot puma !...

LE GABIER : Le mot bouleau, alors ? Je vois. C'est le mot bouleau frémissant qui vous offusque. Tant pis, vous l'avez dit. Je jure que vous l'avez dit, et d'ailleurs il n'y a pas à rougir du mot bouleau. J'en ai vu, des bouleaux frémissants, l'hiver, le long de la Caspienne ; et, sur la neige, avec leurs bagues d'écorce noire qui semblaient séparées par le vide, on se demandait ce qui portait les branches. Et j'en ai vu en plein été, dans

---

1. Parodie évidente de : « Il faut rendre à César ce qui appartient à César. »

le chenal près d'Astrakhan [1], avec leurs bagues blanches comme celles des bons champignons, juste au
bord de l'eau, mais aussi dignes que le saule est
mollasse. Et quand vous avez dessus un de ces gros
corbeaux gris et noir, tout l'arbre tremble, plie à
casser, et je lui lançais des pierres jusqu'à ce qu'il
s'envolât, et toutes les feuilles alors me parlaient et
me faisaient signe. Et à les voir frissonner, en or
par-dessus, en argent, par-dessous, vous vous sentez
le cœur plein de tendresse ! Moi, j'en aurais pleuré,
n'est-ce pas, Olpidès ! Voilà ce que c'est qu'un bouleau !

LA FOULE : Bravo ! Bravo !

UN AUTRE MARIN : Et il n'y a pas que le gabier et
Olpidès qui les aient vus, Priam. Du soutier à l'enseigne, nous étions tous ressortis du navire par les
hublots, et tous, cramponnés à la coque, nous regar-
dions par-dessous la lisse. Le navire n'était qu'un
instrument à voir.

UN TROISIÈME MARIN : A voir l'amour.

ULYSSE : Et voilà, Hector !

HECTOR : Taisez-vous tous.

LE GABIER : Tiens, fais taire celle-là !

Iris [2] apparaît dans le ciel.

LE PEUPLE : Iris ! Iris !

PÂRIS : C'est Aphrodite qui t'envoie ?

IRIS : Oui, Aphrodite ; elle me charge de vous dire

---

1. Fantaisie qui introduit, dans une pièce antique, une ville
moderne d'U.R.S.S., et des marins grecs dans une mer intérieure
russe (« le long de la Caspienne »).
2. Messagère des dieux, Iris « aux ailes d'or », « légère comme le
vent», dont l'absence sera regrettée par Électre (*Électre*, acte II,
scène VIII, *Théâtre complet*, p. 669), est partout présente dans
l'*Iliade*. En 1935, elle devait descendre des cintres, comme une *dea
ex machina*, à l'aide d'un système de poulies appelé « gloire » (voir
L'Impromptu de Paris, scène IV, *Théâtre complet*, pp. 720-724). En
1937, ce système fut utilisé, et c'est grâce à cet « appareil » que
Marthe Herlin entra dans la troupe de Jouvet, l'actrice titulaire du
rôle d'Iris ayant le vertige.

que l'amour est la loi du monde. Que tout ce qui double l'amour devient sacré, que ce soit le mensonge, l'avarice, ou la luxure. Que tout amoureux, elle le prend sous sa garde, du roi au berger en passant par l'entremetteur. J'ai bien dit : l'entremetteur. S'il en est un ici, qu'il soit salué. Et qu'elle vous interdit à vous deux, Hector et Ulysse, de séparer Pâris d'Hélène. Ou il y aura la guerre.

PÂRIS, LES VIEILLARDS : Merci, Iris !

HECTOR : Et de Pallas aucun message ?

IRIS : Oui, Pallas me charge de vous dire que la raison est la loi du monde. Tout être amoureux, vous fait-elle dire, déraisonne. Elle vous demande de lui avouer franchement s'il y a plus bête que le coq sur la poule ou la mouche sur la mouche. Elle n'insiste pas. Et elle vous ordonne, à vous Hector et vous Ulysse, de séparer Hélène de ce Pâris à poil frisé. Ou il y aura la guerre...

HECTOR, LES FEMMES : Merci, Iris !

PRIAM : Ô mon fils, ce n'est ni Aphrodite ni Pallas qui règlent l'univers. Que nous commande Zeus dans cette incertitude ?

IRIS : Zeus, le maître des dieux, vous fait dire que ceux qui ne voient que l'amour dans le monde sont aussi bêtes que ceux qui ne le voient pas. La sagesse, vous fait dire Zeus, le maître des dieux, c'est tantôt de faire l'amour et tantôt de ne pas le faire. Les prairies semées de coucous et de violettes, à son humble et impérieux avis, sont aussi douces à ceux qui s'étendent l'un sur l'autre qu'à ceux qui s'étendent l'un près de l'autre, soit qu'ils lisent, soit qu'ils soufflent sur la sphère aérée du pissenlit, soit qu'ils pensent au repas du soir ou à la république. Il s'en rapporte donc à Hector et à Ulysse pour que l'on sépare Hélène et Pâris tout en ne les séparant pas. Il ordonne à tous les autres de s'éloigner, et de laisser face à face les négociateurs. Et que ceux-là s'arrangent pour qu'il n'y ait pas la guerre. Ou alors, il vous le jure et il n'a jamais menacé en vain, il vous jure qu'il y aura la guerre.

HECTOR : A vos ordres, Ulysse !

ULYSSE : A vos ordres.

Tous se retirent. On voit une grande écharpe se former dans le ciel.

HÉLÈNE : C'est bien elle. Elle a oublié sa ceinture à mi-chemin [1].

1. L'écharpe d'Iris est présentée comme la figuration de l'arc-en-ciel.

Scène treizième

ULYSSE, HECTOR

HECTOR : Et voilà le vrai combat, Ulysse.

ULYSSE : Le combat d'où sortira ou ne sortira pas la guerre, oui.

HECTOR : Elle en sortira ?

ULYSSE : Nous allons le savoir dans cinq minutes.

HECTOR : Si c'est un combat de paroles, mes chances sont faibles.

ULYSSE : Je crois que cela sera plutôt une pesée [1]. Nous avons vraiment l'air d'être chacun sur le plateau d'une balance. Le poids parlera...

HECTOR : Mon poids ? Ce que je pèse, Ulysse ? Je pèse un homme jeune, une femme jeune, un enfant à naître. Je pèse la joie de vivre, la confiance de vivre, l'élan vers ce qui est juste et naturel.

ULYSSE : Je pèse l'homme adulte, la femme de trente ans, le fils que je mesure chaque mois avec des encoches, contre le chambranle du palais... Mon beau-père prétend que j'abîme la menuiserie... Je pèse la volupté de vivre et la méfiance de la vie.

HECTOR : Je pèse la chasse, le courage, la fidélité, l'amour.

1. Dans l'*Iliade* (chant XXII, v. 209-213), la balance d'or de Zeus penche vers celui dont la chute et la mort sont annoncées. La pesée est par ailleurs une image familière à Giraudoux (voir *Siegfried*, versions primitives, *Théâtre complet*, Pléiade, pp. 1199 et 1207 ; le Mendiant dans *Électre*, acte premier, scène III, *ibid.*, p. 616).

ULYSSE : Je pèse la circonspection devant les dieux, les hommes, et les choses.

HECTOR : Je pèse le chêne phrygien, tous les chênes phrygiens feuillus et trapus, épars sur nos collines avec nos bœufs frisés.

ULYSSE : Je pèse l'olivier.

HECTOR : Je pèse le faucon, je regarde le soleil en face.

ULYSSE : Je pèse la chouette.

HECTOR : Je pèse tout un peuple de paysans débonnaires, d'artisans laborieux, des milliers de charrues, de métiers à tisser, de forges et d'enclumes... Oh ! pourquoi, devant vous, tous ces poids me paraissent-ils tout à coup si légers !

ULYSSE : Je pèse ce que pèse cet air incorruptible et impitoyable sur la côte et sur l'archipel.

HECTOR : Pourquoi continuer ? La balance s'incline.

ULYSSE : De mon côté ?... Oui, je le crois.

HECTOR : Et vous voulez la guerre ?

ULYSSE : Je ne la veux pas. Mais je suis moins sûr de ses intentions à elle.

HECTOR : Nos peuples nous ont délégués tous deux ici pour la conjurer. Notre seule réunion signifie que rien n'est perdu...

ULYSSE : Vous êtes jeune, Hector !... A la veille de toute guerre, il est courant que deux chefs des peuples en conflit se rencontrent seuls dans quelque innocent village, sur la terrasse au bord d'un lac [1], dans l'angle d'un jardin. Et ils conviennent que la guerre est le pire fléau du monde, et tous deux, à suivre du regard ces reflets et ces rides sur les eaux, à recevoir sur l'épaule ces pétales de magnolias, ils sont pacifiques, modestes, loyaux. Et ils s'étudient. Ils se regardent. Et, tiédis par le soleil, attendris par un vin clairet, ils ne trouvent dans le visage d'en face aucun trait qui justifie la haine, aucun trait qui n'appelle l'amour humain, et

1. Allusion aux conférences de Locarno (1925), Stresa (avril 1935), de Genève, siège de la S.D.N.

rien d'incompatible non plus dans leurs langages, dans leur façon de se gratter le nez ou de boire. Et ils sont vraiment combles de paix, de désirs de paix. Et ils se quittent en se serrant les mains, en se sentant des frères. Et ils se retournent de leur calèche pour se sourire... Et le lendemain pourtant éclate la guerre... Ainsi nous sommes tous deux maintenant... Nos peuples autour de l'entretien se taisent et s'écartent, mais ce n'est pas qu'ils attendent de nous une victoire sur l'inéluctable. C'est seulement qu'ils nous ont donné pleins pouvoirs, qu'ils nous ont isolés, pour que nous goûtions mieux, au-dessus de la catastrophe, notre fraternité d'ennemis. Goûtons-la. C'est un plat de riches. Savourons-la... Mais c'est tout. Le privilège des grands, c'est de voir les catastrophes d'une terrasse.

HECTOR : C'est une conversation d'ennemis que nous avons là ?

ULYSSE : C'est un duo avant l'orchestre. C'est le duo des récitants avant la guerre. Parce que nous avons été créés sensés, justes et courtois, nous nous parlons, une heure avant la guerre, comme nous nous parlerons longtemps après, en anciens combattants. Nous nous réconcilions avant la lutte même, c'est toujours cela. Peut-être d'ailleurs avons-nous tort. Si l'un de nous doit un jour tuer l'autre et arracher pour reconnaître sa victime la visière de son casque, il vaudrait peut-être mieux qu'il ne lui donnât pas un visage de frère... Mais l'univers le sait, nous allons nous battre.

HECTOR : L'univers peut se tromper. C'est à cela qu'on reconnaît l'erreur, elle est universelle.

ULYSSE : Espérons-le. Mais quand le destin [1], depuis des années, a surélevé deux peuples, quand il leur a ouvert le même avenir d'invention et d'omnipotence, quand il a fait de chacun, comme nous l'étions tout à l'heure sur la bascule, un poids précieux et différent pour peser le plaisir, la conscience et

1. Sur le thème du destin, voir la Préface, pp. 27-29.

jusqu'à la nature, quand par leurs architectes, leurs poètes, leurs teinturiers, il leur a donné à chacun un royaume opposé de volumes, de sons et de nuances, quand il leur a fait inventer le toit en charpente troyen et la voûte thébaine, le rouge phrygien et l'indigo grec, l'univers sait bien qu'il n'entend pas préparer ainsi aux hommes deux chemins de couleur et d'épanouissement, mais se ménager son festival, le déchaînement de cette brutalité et de cette folie humaines qui seules rassurent les dieux. C'est de la petite politique, j'en conviens. Mais nous sommes chefs d'État, nous pouvons bien entre nous deux le dire : c'est couramment celle du Destin.

HECTOR : Et c'est Troie et c'est la Grèce qu'il a choisies cette fois ?

ULYSSE : Ce matin j'en doutais encore. J'ai posé le pied sur votre estacade, et j'en suis sûr.

HECTOR : Vous vous êtes senti sur un sol ennemi ?

ULYSSE : Pourquoi toujours revenir à ce mot ennemi ! Faut-il vous le redire ? Ce ne sont pas les ennemis naturels qui se battent. Il est des peuples que tout désigne pour une guerre, leur peau, leur langue et leur odeur, ils se jalousent, ils se haïssent, ils ne peuvent pas se sentir... Ceux-là ne se battent jamais. Ceux qui se battent, ce sont ceux que le sort a lustrés et préparés pour une même guerre : ce sont les adversaires.

HECTOR : Et nous sommes prêts pour la guerre grecque ?

ULYSSE : A un point incroyable. Comme la nature munit les insectes dont elle prévoit la lutte, de faiblesses et d'armes qui se correspondent, à distance, sans que nous nous connaissions, sans que nous nous en doutions, nous nous sommes élevés tous deux au niveau de notre guerre. Tout correspond de nos armes et de nos habitudes comme des roues à pignon. Et le regard de vos femmes, et le teint de vos filles sont les seuls qui ne suscitent en nous ni la brutalité ni le désir, mais cette angoisse du cœur et de la joie qui est l'horizon de la guerre. Frontons et leurs soutaches d'ombre et de feu, hennissements des chevaux, péplums disparaissant à l'angle d'une colonnade, le sort a tout passé chez vous à cette couleur d'orage qui m'impose pour la première fois le relief de l'avenir. Il n'y a rien à faire. Vous êtes dans la lumière de la guerre grecque.

HECTOR : Et c'est ce que pensent aussi les autres Grecs ?

ULYSSE : Ce qu'ils pensent n'est pas plus rassurant. Les autres Grecs pensent que Troie est riche, ses entrepôts magnifiques, sa banlieue fertile. Ils pensent qu'ils sont à l'étroit sur du roc [1]. L'or de vos temples, celui de vos blés et de votre colza, ont fait à chacun de nos navires, de vos promontoires, un signe [2] qu'il n'oublie pas. Il n'est pas très prudent d'avoir des dieux et des légumes trop dorés.

HECTOR : Voilà enfin une parole franche... La Grèce en nous s'est choisi une proie. Pourquoi alors une déclaration de guerre ? Il était plus simple de profiter de mon absence pour bondir sur Troie. Vous l'auriez eue sans coup férir.

ULYSSE : Il est une espèce de consentement à la guerre que donnent seulement l'atmosphère, l'acoustique et l'humeur du monde. Il serait dément d'entreprendre une guerre sans l'avoir. Nous ne l'avions pas.

HECTOR : Vous l'avez maintenant !

ULYSSE : Je crois que nous l'avons.

HECTOR : Qui vous l'a donné contre nous ? Troie est réputée pour son humanité, sa justice, ses arts !

ULYSSE : Ce n'est pas par des crimes qu'un peuple se met en situation fausse avec son destin, mais par des fautes. Son armée est forte, sa caisse abondante, ses poètes en plein fonctionnement. Mais un jour, on ne

---

1. Allusion à la politique allemande du *Lebensraum* (espace vital), prônée par Hitler dans *Mein Kampf*.
2. Pour le thème du signe, voir la note 1 de la page 56. Le signe peut être amical (les feuilles de bouleau font pleurer de tendresse le gabier, p. 150) ou dangereux (ici, faire signe par quelque chose de voyant ou de doré, c'est susciter la convoitise ou la jalousie).

sait pourquoi, du fait que ses citoyens coupent
méchamment les arbres, que son prince enlève vilai-
nement une femme, que ses enfants adoptent une
mauvaise turbulence, il est perdu. Les nations,
comme les hommes, meurent d'imperceptibles impo-
litesses [1]. C'est à leur façon d'éternuer ou d'éculer
leurs talons que se reconnaissent les peuples
condamnés... Vous avez sans doute mal enlevé
Hélène...

HECTOR : Vous voyez la proportion entre le rapt
d'une femme et la guerre où l'un de nos peuples
périra ?

ULYSSE : Nous parlons d'Hélène. Vous vous êtes
trompés sur Hélène, Pâris et vous. Depuis quinze ans
je la connais, je l'observe. Il n'y a aucun doute. Elle est
une des rares créatures que le destin met en circula-
tion sur la terre pour son usage personnel. Elles n'ont
l'air de rien. Elles sont parfois une bourgade, presque
un village, une petite reine, presque une petite fille,
mais si vous les touchez, prenez garde ! C'est là la
difficulté de la vie, de distinguer, entre les êtres et les
objets, celui qui est l'otage du destin. Vous ne l'avez
pas distingué. Vous pouviez toucher impunément à
nos grands amiraux, à nos rois. Pâris pouvait se
laisser aller sans danger dans les lits de Sparte ou de
Thèbes, à vingt généreuses étreintes. Il a choisi le
cerveau le plus étroit, le cœur le plus rigide, le sexe le
plus étroit... Vous êtes perdus.

HECTOR : Nous vous rendons Hélène.

ULYSSE : L'insulte au destin ne comporte pas la
restitution.

HECTOR : Pourquoi discuter alors ! Sous vos paroles, je vois enfin la vérité. Avouez-le. Vous voulez nos
richesses ! Vous avez fait enlever Hélène pour avoir à

---

1. Disproportion apparente et paradoxale, très fréquente dans
l'œuvre de Giraudoux, entre de petites causes et de grandes consé-
quences. Ici, c'est la forme qui est notée comme la plus importante,
et l'accent est mis sur les adverbes (« méchamment », « vilaine-
ment », « mal » enlevé).

la guerre un prétexte honorable ! J'en rougis pour la
Grèce. Elle en sera éternellement responsable et honteuse.

ULYSSE : Responsable et honteuse ? Croyez-vous !
Les deux mots ne s'accordent guère. Si nous nous
savions vraiment responsables de la guerre, il suffi-
rait à notre génération actuelle de nier et de mentir
pour assurer la bonne foi et la bonne conscience de
toutes nos générations futures. Nous mentirons. Nous
nous sacrifierons.

HECTOR : Eh bien, le sort en est jeté, Ulysse ! Va
pour la guerre ! A mesure que j'ai plus de haine pour
elle, il me vient d'ailleurs un désir plus incoercible de
tuer... Partez, puisque vous me refusez votre aide...

ULYSSE : Comprenez-moi, Hector !... Mon aide
vous est acquise. Ne m'en veuillez pas d'interpréter le
sort. J'ai voulu seulement lire dans ces grandes lignes
que sont, sur l'univers, les voies des caravanes, les
chemins des navires, le tracé des grues volantes et des
races. Donnez-moi votre main. Elle aussi a ses lignes.
Mais ne cherchons pas si leur leçon est la même.
Admettons que les trois petites rides au fond de la
main d'Hector disent le contraire de ce qu'assurent
les fleuves, les vols et les sillages. Je suis curieux de
nature, et je n'ai pas peur. Je veux bien aller contre le
sort. J'accepte Hélène. Je la rendrai à Ménélas. Je
possède beaucoup plus d'éloquence qu'il n'en faut
pour faire croire un mari à la vertu de sa femme.
J'amènerai même Hélène à y croire elle-même. Et je
pars à l'instant, pour éviter toute surprise. Une fois au
navire, peut-être risquons-nous de déjouer la guerre.

HECTOR : Est-ce là la ruse d'Ulysse, ou sa grandeur ?

ULYSSE : Je ruse en ce moment contre le destin, non
contre vous. C'est mon premier essai et j'y ai plus de
mérite. Je suis sincère, Hector... Si je voulais la
guerre, je ne vous demanderais pas Hélène, mais une

rançon qui vous est plus chère [1]... Je pars... Mais je ne peux me défendre de l'impression qu'il est bien long, le chemin qui va de cette place à mon navire.

HECTOR : Ma garde vous escorte.

ULYSSE : Il est long comme le parcours officiel des rois en visite quand l'attentat menace [2]... Où se cachent les conjurés ? Heureux nous sommes, si ce n'est pas dans le ciel même... Et le chemin d'ici à ce coin du palais est long... Et long mon premier pas... Comment va-t-il se faire, mon premier pas... entre tous ces périls ?... Vais-je glisser et me tuer ?... Une corniche va-t-elle s'effondrer sur moi de cet angle ? Tout est maçonnerie neuve ici, et j'attends la pierre croulante... Du courage... Allons-y.

Il fait un premier pas.

HECTOR : Merci, Ulysse.

ULYSSE : Le premier pas va... Il en reste combien ?

HECTOR : Quatre cent soixante.

ULYSSE : Au second ! Vous savez ce qui me décide à partir, Hector...

HECTOR : Je le sais. La noblesse.

ULYSSE : Pas précisément... Andromaque a le même battement de cils que Pénélope [3].

---

1. A savoir Andromaque...
2. Allusion à l'attentat de Sarajevo (1914), à l'assassinat du président de la République Paul Doumer (1932), ou à l'attentat, plus récent, dont furent victimes Louis Barthou et le roi Alexandre de Yougoslavie, à Marseille, en 1934.
3. Voir le commentaire de cette réplique dans la Préface, p. 17.

ANDROMAQUE, CASSANDRE, HECTOR,
ABNÉOS, puis OIAX, puis DEMOKOS

HECTOR : Tu étais là, Andromaque ?
ANDROMAQUE : Soutiens-moi. Je n'en puis plus !
HECTOR : Tu nous écoutais ?
ANDROMAQUE : Oui. Je suis brisée.
HECTOR : Tu vois qu'il ne faut pas désespérer...
ANDROMAQUE : De nous peut-être. Du monde, oui...
Cet homme est effroyable. La misère du monde est
sur moi.
HECTOR : Une minute encore, et Ulysse est à son
bord... Il marche vite. D'ici l'on suit son cortège. Le
voilà déjà en face des fontaines. Que fais-tu ?
ANDROMAQUE : Je n'ai plus la force d'entendre. Je
me bouche les oreilles. Je n'enlèverai pas mes mains
avant que notre sort soit fixé...
HECTOR : Cherche Hélène, Cassandre !

Oiax entre sur la scène, de plus en plus ivre. Il voit
Andromaque de dos.

CASSANDRE : Ulysse vous attend au port, Oiax. On
vous y conduit Hélène.
OIAX : Hélène ! Je me moque d'Hélène ! C'est
celle-là que je veux tenir dans mes bras.
CASSANDRE : Partez, Oiax. C'est la femme d'Hector.
OIAX : La femme d'Hector ! Bravo ! J'ai toujours

préféré les femmes de mes amis, de mes vrais amis !

CASSANDRE : Ulysse est déjà à mi-chemin... Partez.

OIAX : Ne te fâche pas. Elle se bouche les oreilles. Je peux donc tout lui dire, puisqu'elle n'entendra pas. Si je la touchais, si je l'embrassais, évidemment ! Mais des paroles qu'on n'entend pas, rien de moins grave.

CASSANDRE : Rien de plus grave. Allez, Oiax !

Oiax, pendant que Cassandre essaie par la force de l'éloigner d'Andromaque et que Hector lève peu à peu son javelot.

Tu crois ? Alors autant la toucher. Autant l'embrasser. Mais chastement !... Toujours chastement, les femmes des vrais amis ! Qu'est-ce qu'elle a de plus chaste, ta femme, Hector, le cou ? Voilà pour le cou... L'oreille aussi m'a un gentil petit air tout à fait chaste ! Voilà pour l'oreille... Je vais te dire, moi, ce que j'ai toujours trouvé de plus chaste chez la femme... Laisse-moi !... Laisse-moi !... Elle n'entend pas les baisers non plus... Ce que tu es forte !... Je viens... Je viens... Adieu. *(Il sort.)*

Hector baisse imperceptiblement son javelot. A ce moment Demokos fait irruption.

DEMOKOS : Quelle est cette lâcheté ? Tu rends Hélène ? Troyens, aux armes ! On nous trahit... Rassemblez-vous... Et votre chant de guerre est prêt ! Écoutez votre chant de guerre [1] !

HECTOR : Voilà pour ton chant de guerre.

DEMOKOS, tombant : Il m'a tué !

HECTOR : La guerre n'aura pas lieu, Andromaque !

---

1. Dans le manuscrit 2, Demikos dit : « Il commence ainsi, mon chant : "Troie au-dessus de tout !" » (Pléiade, p. 1526). C'est la transposition de : *Deutschland über alles*, le chant national allemand.

Il essaie de détacher les mains d'Andromaque qui résiste, les yeux fixés sur Demokos. Le rideau qui avait commencé à tomber [1] se relève peu à peu.

ABNÉOS : On a tué Demokos ! Qui a tué Demokos ?

DEMOKOS : Qui m'a tué ?... Oiax !... Oiax !... Tuez-le !

ABNÉOS : Tuez Oiax !

HECTOR : Il ment. C'est moi qui l'ai frappé.

DEMOKOS : Non. C'est Oiax...

ABNÉOS : Oiax a tué Demokos... Rattrapez-le !... Châtiez-le !

HECTOR : C'est moi, Demokos, avoue-le ! Avoue-le, ou je t'achève !

DEMOKOS : Non, mon cher Hector, mon bien cher Hector. C'est Oiax ! Tuez Oiax !

CASSANDRE : Il meurt, comme il a vécu, en coassant.

ABNÉOS : Voilà... Ils tiennent Oiax... Voilà. Ils l'ont tué !

HECTOR, détachant les mains d'Andromaque.

Elle aura lieu.

Les portes de la guerre s'ouvrent lentement. Elles découvrent Hélène qui embrasse Troïlus.

CASSANDRE : Le poète troyen est mort... La parole est au poète grec [2].

LE RIDEAU TOMBE DÉFINITIVEMENT.

---

1. Cet effet est particulièrement saisissant. L'indication, cependant, ne put être suivie à la représentation de 1935, car « le public aurait cru à une fausse manœuvre, ou aurait applaudi trop tôt, et l'on a renoncé à cette subtilité dramatique » (*L'Ordre*, 8 décembre 1935).

2. Homère pourra donc écrire l'*Iliade* !

COMMENTAIRES

par

Colette WEIL

Du texte à la scène

Si on la compare à des pièces comme *Siegfried* ou *Intermezzo*, la genèse de *La guerre de Troie n'aura pas lieu* fut exceptionnellement aisée. Peu de feuillets noircis ou recopiés. En octobre 1934, Jean Giraudoux déclare n'avoir pas de pièce en chantier, en avril 1935 il commence la rédaction, les répétitions débutent les 13 et 14 septembre, et la pièce est représentée le 22 novembre.

Trois éléments sont au centre de la genèse : l'idée d'une « pièce sur l'*Iliade* [1] », la répétition de la phrase-titre, enfin l'image d'un couple riche d'un enfant à naître, couple qui dans un fragment primitif échange ses prénoms comme des balles et représente — avec le passé et le présent — l'avenir en quelque sorte de toute l'humanité.

Selon son habitude, l'écrivain rédige d'abord des dialogues dont les répliques ne sont pas attribuées. Nous notons que toutes les scènes importantes de la pièce, la rencontre entre Hector et Andromaque, mais aussi la fermeture des portes, la description du cul de singe (ici faite par un vieillard), le discours aux morts, et même la grande scène entre Hélène et Andromaque, tout se trouve d'abord logé dans l'acte premier.

Les versions primitives, fragments manuscrits et

1. Article cité, *Les Nouvelles du matin*, 18 décembre 1945.

ensembles dactylographiés, montrent que les personnages ont parfois des préoccupations assez quotidiennes : Hélène, par exemple, file la laine — comme dans l'*Iliade ?* — le matin, dans sa maison, et l'auteur imagine qu'un nœud se fasse dans son écheveau ; Andromaque lui parle des arbres, des pinsons, et surtout des rainettes. Certaines scènes sont inattendues : selon Démikos, l'un des noms primitifs de Demokos, la cérémonie du discours aux morts doit consister, pour Hector, à décrire la mort du tué qu'il aimait le plus, de façon que tous en tirent une leçon morale. Devant les portes monumentales, ce même Démikos insiste sur l'idée qu'il faut flatter la Guerre : elle entend tout ce qu'on dit d'elle car le son lui parvient à travers les battants ouverts !

Les brouillons isolés qu'on a retrouvés, concernent uniquement la scène des épithètes, l'entretien entre Hector et Ulysse, et surtout le discours aux morts, dont on connaît sept versions ; l'une d'elles, offerte par Giraudoux à Louis Jouvet, nous apprend quelle est la proportion des lâches (qui sera, dans le texte définitif, la même chez les vivants que chez les morts) : un tiers ! « Le tiers d'entre vous nous a bien débarrassés, dit Hector. Mais c'est de ce débarras que je ne parviens pas à m'accommoder [1]. »

Si la rédaction fut aisée, la distribution fut plus délicate. Les actrices pressenties pour les rôles féminins auraient toutes préféré jouer Hélène. Dans le rôle d'Hector, Jouvet voyait un tragédien comme Henri Rollan ; mais l'urgence — une comédie anglaise puis une comédie américaine refusées — et une suggestion de Madeleine Ozeray, finirent par entraîner Jouvet à s'essayer dans le rôle [2]. Giraudoux,

---

1. Collection particulière.
2. Au lieu de ceux de Priam, Demokos ou Olpidès qu'il envisageait d'interpréter.

au début réticent, aurait accepté en ajoutant : « Mais alors, on supprimera le discours aux morts [1]. »

Les scènes de Polyxène (II, VI-VII), écrites tardivement, ne furent pas jouées, non plus que la scène du photographe (II, III). Celle de Busiris, composée sous le feu de l'actualité [2], et mise en répétition, ne fut représentée que lors de la reprise de 1937.

Au cours de la genèse et des répétitions, la structure dramatique subit d'importantes modifications. Giraudoux inaugurait ici le découpage en deux actes — qui sera aussi celui d'*Électre*, de *Sodome et Gomorrhe* et de *La Folle de Chaillot* — et il lui fallait répartir équitablement la matière de la pièce dans les actes. La phrase-titre, conservée à la fois comme phrase initiale et comme phrase finale, puisque la pièce à l'origine se terminait sur elle [3], fournissait une structure cyclique et permettait, selon l'expression de Jouvet, comme dans *Amphitryon 38*, comme dans *Intermezzo*, de « boucler la boucle [4] ». Cette phrase-titre court à travers toute la pièce comme un leitmotiv lancinant et un thème à variations. Dans le thème principal, la phrase se trouve comme renvoyée en écho d'Andromaque à Cassandre, puis à Hector, à Hélène, à Andromaque, et deux fois encore à Hector, sous la forme « n'aura pas lieu / aura lieu / n'aura pas

1. Parce que Jouvet était alors catalogué comme un acteur comique, mais peut-être aussi parce que, selon le témoignage de Jean-Pierre Giraudoux, il n'aimait pas lui-même ce passage de la pièce. Voir *Le Fils*, p. 67 ; voir aussi Madeleine Ozeray, *A toujours, Monsieur Jouvet*, éd., Buchet-Chastel, pp. 115-116 ; E. Frois, *La guerre de Troie n'aura pas lieu*, *op. cit.*, pp. 76-79 ; P.-L. Mignon, *Louis Jouvet*, coll. « Qui êtes-vous ? », La Manufacture, 1988, p. 239.
2. Voir note 1 de la p. 118.
3. « J'ai déjà trouvé la dernière réplique de ma pièce. — Qu'est-ce que c'est ? — Elle n'aura pas lieu. » (Article cité, *Les Nouvelles du matin*, 18 décembre 1945.)
4. Dans une lettre à Louis Jouvet sur *Amphitryon 38*, Giraudoux avait écrit : « Les spectateurs seront contents d'après vos principes de voir boucler la boucle » (*Cahiers Jean Giraudoux*, n° 9, p. 26).

lieu / n'aurait pas lieu ? / si elle avait lieu / n'aura pas lieu / aura lieu [1] ». Le thème secondaire est celui des portes ; on entend alternativement : « fermer / s'ouvriront / ferme-les / s'ouvriront / pour fermer / vous allez nous la fermer / si tu fermes / il va peut-être falloir rouvrir / les portes se ferment / elles sont fermées / les portes s'ouvrent [2] », phrases prononcées cette fois par Hector (trois fois), Andromaque, Hécube, Priam, Polyxène. L'introduction tardive du double dénouement [3], ainsi que la trouvaille du baiser final [4], transforment la boucle fermée en boucle... rouverte : de même que dans *Intermezzo*, l'épisode Luce recommençait l'« intermède » d'Isabelle [5], de même Hélène qui a définitivement classé l'affaire Pâris commence une nouvelle aventure avec Troïlus. Giraudoux a donc remplacé la boucle par une « structure en hélice [6] ».

Un travail sur le style — car pour les acteurs certains mots conviennent mieux que d'autres aux accents de leur diction —, le choix des masses sonores à répartir entre les interprètes, font partie des tâches importantes des répétitions, surtout dans la conception d'une pièce qui serait comme une symphonie verbale. Pour Giraudoux, la tirade est nécessaire, elle est un « signe » que le théâtre fait aux spectateurs. Un monologue long et massif (comme celui d'Hector sur la guerre qui « sonne juste » ou « sonne faux [7] »), il ne faut, selon l'écrivain, ni le « détailler », ni le « découper » pour essayer de le rendre compréhensible : « Le public n'éprouve aucune peine à recevoir cette masse

1. I, I, p. 55 (2 fois) ; II, V, p. 118 ; II, VIII, p. 132 (2 fois) ; II, XIV, p. 162 ; II, XIV, p. 163.

2. I, III, p. 62 (2 fois) ; I, VI, p. 75 ; II, IV, p. 111 ; II, V, p. 117 ; II, V, pp. 124-125 ; II, XIV, p. 163.

3. Voir II, XIV, p. 163 ; la note 1, p. 163 ; la Préface p. 27.

4. II, XIV, p. 163.

5. *Théâtre complet*, p. 356.

6. L'expression est de Jacques Body (*Un thème, trois œuvres*, pp. 142-143).

7. Acte premier, scène III, p. 65.

incantatoire. Moins j'ai craint de multiplier, dans mes
pièces, les tirades et les monologues, plus mes pièces
ont eu de succès auprès du public », dira-t-il plus tard
à André Rousseaux [1]. On peut néanmoins noter qu'au
cours des répétitions la tirade d'Hector : « Mais parfois, à certains matins [2]... », d'abord écrite pour être
dite d'une seule traite, comme un monologue, sera
interrompue — pour allègement — par une question
fictive d'Andromaque : « Puis l'adversaire arrive ? »
(p. 63) et qu'on en coupera une partie, sur la tendresse
pour les chevaux et les épis [3], de même que dans la
scène IV sera allégée, pour la représentation, la tirade
de Pâris sur le bonheur des séparations.

La pièce, jouée 195 fois du 22 novembre 1935 au
5 mai 1936, est un succès public [4]. Jugée un peu
courte pour faire un spectacle [5], elle est complétée en
lever de rideau par une pièce en un acte, *Supplément
au voyage de Cook*.

Les décors sont de Mariano Andreu, les costumes,
non antiques, mais inspirés de l'antique, de Mlle Alix.
Il est difficile d'imaginer ce que pouvaient représenter
pour des spectateurs de 1935 une richesse aussi inha-
bituelle de coloris — dans lesquels dominaient les
violets et les verts — et une pareille splendeur de la
ligne.

Les critiques disent réussis les costumes des femmes, moins heureux ceux des hommes, sauf celui de
Jouvet, remarquable, en peau noire et drap vert.
Poètes et vieillards sont en costume de velours, dans
des tonalités de violet, d'amarante, de vert, de brun et
de gris. Priam, en velours vert, ceinturé d'une corde-
lière d'argent, est couvert d'un ample manteau de

1. *Candide*, 22 mars 1939.
2. Acte premier, scène III, p. 63.
3. Voir *Théâtre complet*, p. 1507.
4. Le total des représentations — 255, reprise de 1937 et tournée
de 1941 comprises — est à peu près équivalent à celui d'*Amphitryon 38* et de *Tessa*.
5. Les mœurs ayant évolué, on juge parfois, en 1990, la pièce un
peu longue...

velours blanc, Ulysse et Oiax sont en lamé d'or pâle et
blanc ; Pâris en costume pastoral et chapeau d'or. On
remarque les drapés admirables des deux robes de
Mlle Falconetti (Andromaque) dont l'une s'harmo-
nise avec le vert d'Hector, la grâce des transparentes
voilettes de Madeleine Ozeray et, au second acte, sa
mousseline blanche froncée à l'antique, ainsi que
l'évocateur et subtil costume indigo de Cassandre.

Louis Jouvet — que l'on prenait jusqu'alors pour
« un clown incomparable » — surprend dans le rôle
sérieux d'Hector par « son corps qui semble échappé
à un bas-relief et qui en conserve encore une demi-
rigidité », et par « son jeu de profil (l'on n'aperçoit
jamais qu'un seul de ses yeux clairs et fixes) ». « Il est
fort émouvant », reconnaît B. Barbey qui conclut :
« Le rôle d'Hector marque une date dans la carrière
de M. Jouvet [1]. »

L'interprétation de Madeleine Ozeray est plus dis-
cutée : tantôt portée aux nues (« la petite Ozeray-
Hélène, toute en dur cristal et en or », écrit Colette [2]),
tantôt jugée « mineure, insuffisante [3] », elle correspond peut-être à ce que voulait Giraudoux, puisque
Louis Jouvet commente ainsi son jeu, au moment de
la reprise de 1937 : « Madeleine joue très remarqua-
blement parce qu'elle dit et déclame fort et net son
texte, avec une égalité de ton absente de ces volutes et
de ces mouvements de mains qu'elle avait autre-
fois [4]. »

Le public, chaleureux, plébiscite ce mélange subtil
d'humour et de gravité. On relève aussi quelques
réticences : César Santelli, par exemple, dans
La Dépêche du 8 décembre 1935, note que pendant le
duo Hector-Ulysse, dans « cette salle de quartier
chic », il y a des réactions défavorables : « Cela ne

---

1. *Revue hebdomadaire*, novembre 1935, p. 629.
2. « Les spectacles de Paris : *La Guerre de Troie* », J.N.L.,
24 novembre 1935.
3. *Revue hebdomadaire*, novembre 1935, p. 629.
4. Cité par P.-L. Mignon, *op. cit.*, p. 93.

plaisait pas à tout le monde. » Dès qu'il est question de la fatalité de la guerre, le problème se politise et la polémique commence.

En 1937-1938, lorsque la pièce est reprise dans un décor et des costumes différents, Daladier vient en spectateur. « Il est parti — écrit Jouvet dans une lettre à Giraudoux —, très satisfait de se voir justifié par la pièce. Giraudoux a raison... Ce ne sont pas les hommes politiques qui déclarent la guerre », et, conclut Jouvet, « il est rentré chez lui travailler à ses dossiers qui nous préparent sans doute doucement la prochaine [1]. »

Les grandes reprises

Il est toujours difficile de succéder à un metteur en scène célèbre dont la création a fait date, surtout lorsque l'auteur était présent à cette création et s'il s'agit d'un « attelage dramatique » aussi prestigieux que celui de Jean Giraudoux et Louis Jouvet. Un long temps s'écoule avant qu'un metteur en scène audacieux, mais angoissé, ne se lance dans l'aventure d'une nouvelle présentation.

Jean Vilar eut, en juillet 1962, cette témérité. Il avait décidé de donner dans la Cour d'honneur du palais des Papes un « triptyque pacifiste » : avec la pièce de Giraudoux on verrait *L'Alcade de Zalaméa* de Calderón et *La Paix* d'Aristophane. Mais le cadre grandiose d'Avignon convenait-il mal à une mise en scène sobre et sèche ? Daniel Ivernel avait-il été jugé inattendu et décevant dans le rôle d'Hector ? Vilar avait-il donné mal à propos à Demokos la mèche et la moustache d'Adolf Hitler ? Le message fut mal reçu et les représentations s'arrêtèrent bientôt.

Vilar, courageux, reprend le même spectacle en mars 1963 au palais de Chaillot, et cette fois il sera récompensé de son obstination. Pierre Vaneck et

---

1. *Ibid.*, pp. 242-243.

Christiane Minazzolli sont les parfaits interprètes d'Hector et d'Hélène. L'objectif politique est le même qu'en Avignon, mais Giraudoux est « distancié » : sous les costumes antiques, il est fait allusion à la guerre de 14-18. Le tableau final du baiser d'Hélène à Troïlus, jugé trop mielleux, est supprimé [1]. Vilar voulait démontrer — et il y a réussi — que d'innombrables générations de jeunes spectateurs, prévenus contre Giraudoux et contre le théâtre de texte en général, pouvaient se sentir concernés et même être touchés par ce texte ironique et grave, plaisant mais sérieux.

En janvier 1971, Jean Mercure monte la pièce au Théâtre de la Ville. Il ne renvoie ni à l'Antiquité ni aux combats de la Première Guerre mondiale, ni à l'avant-guerre de 1939-1945, mais il veut mettre l'accent sur l'agressivité, élément constitutif de notre nature, et s'inspire des travaux d'un éthologiste, Konrad Lorenz [2]. Dans le *Programme* il définit ainsi la pièce : « Poème de désespoir écrit par un homme qui aime la vie et les hommes, et qui crie son amour. Œuvre d'ironiste aussi et l'humour est ce qui vieillit le moins. Pâris a enlevé Hélène ? La belle affaire ! Pendant un moment on croit que le sort du monde est à la merci de deux adolescents irresponsables, mais il s'agit bien de cela ! Aujourd'hui comme hier l'incitation à la haine, les folies fratricides se propagent. Qu'importent la fragilité, le dérisoire et l'hypocrisie des mobiles ! »

« C'est un enchantement », écrit E. Frois [3]. Dans le décor d'un blanc éclatant baigné de lumière, réalisé par Yannis Kokkos, des jeunes gens heureux se dorent au soleil. José Maria Flotats-Hector est si joyeux de retrouver sa jeune femme Andromaque (Francine

---

1. E. Frois, dans les *Petits Classiques Hatier*, collection Profil d'une œuvre, se dit choqué par cette suppression qui, dit-il, ôte à la pièce une de ses dimensions, celle de l'absurde.

2. *L'Agression. Une histoire naturelle du mal*, Flammarion, 1970.

3. *Op. cit.*, note 1 ci-dessus.

Bergé) qu'il la soulève dans ses bras et la fait tour-
noyer dans les airs. Pour la première fois la belle
Hélène, jouée par Annie Duperey, n'est plus blonde
mais auburn et le metteur en scène permet à cet
« otage du destin » — malgré la « tête obtuse » dont
parle le texte — d'être intelligente et sensible. Interprétation en général acceptée par la critique qui
découvre ici une actrice séduisante, presque nue sous
une robe moulante.

En 1985, au Festival de Bellac, pour le cinquan-
tième anniversaire de la création, la pièce est montée
en plein air, dans une mise en scène d'Odile Mallet et
Geneviève Brunet, et avec de très beaux costumes
1925-1930 : on voulait éviter les éternels costumes
grécisants et retrouver un peu l'atmosphère de l'époque de la création. Yvan Varco dans le rôle d'Ulysse
avait pris l'accent germanique : on se référait ainsi au
couple France-Allemagne et à ses problèmes de 1935.

En janvier 1988, la pièce entre au répertoire de la
Comédie-Française, dont c'est le plus gros succès
financier. La mise en scène de Raymond Gérôme est
modeste et discrète, et le jeu souvent frontal. Le décor,
massif et monumental, apparaît oppressant, tout en
murailles d'un ocre rosé. Les costumes, jugés mer-
veilleux par de rares connaisseurs, ont surpris plus
d'un spectateur moyen : les Troyens étaient en
jupette, le torse nu orné de lanières à l'antique ou,
comme Pâris, drapé d'un pagne blanc. L'arrivée tardive dans la pièce d'Ulysse, magnifiquement interprété par Simon Eine, rehaussait le niveau de la
représentation qui atteignait ainsi, dans la confron-
tation entre les deux chefs d'État, un sommet de
tension et de réussite.

En 1990-1991, les Tréteaux de France-Jean Danet
ont entrepris une ample tournée à travers la France.
« Pour nous », hommes et femmes de 1990, dit le
metteur en scène dans le *Programme*, « cette délica-
tesse drapée de mythologie risquait [...] de nous abu-
ser. J'ai donc préféré [...] situer *La guerre de Troie
n'aura pas lieu* dans un casino de bord de mer, juste

après la boucherie de 14-18 et juste avant les atrocités de 39-45. » [...] Dans ce « contexte tragique », il assure que l'humour de Giraudoux « devient un pied-de-nez à l'angoisse » et « ses légèretés d'opérette un reproche à peine voilé pour la superficialité de ses contemporains ».

La guerre de Troie n'aura pas lieu est une des pièces de Giraudoux les plus jouées à l'étranger : Harold Pinter en a fait, au Théâtre national de Grande-Bretagne, en 1983, une mise en scène qui n'a pas recueilli tous les suffrages. Le 1ᵉʳ octobre 1984, la pièce a été créée en hébreu, à Haïfa (Israël) dans une mise en scène de Michael Gurewitz. En 1983-1984, à Schwäbisch Hall, en Bavière, Ulysse portait sur son imperméable de diplomate la cocarde tricolore, ce qui apporte une aimable réponse — anticipée ! — à l'Ulysse français à l'accent germanique de Bellac... !

QUELQUES DISTRIBUTIONS CÉLÈBRES

Au Théâtre National Populaire (1962 et 1963)
Au Théâtre de la Ville (1971)

THÉÂTRE NATIONAL POPULAIRE
DIRECTION JEAN VILAR
PIÈCE EN DEUX ACTES DE JEAN GIRAUDOUX
ÉLÉMENTS SCÉNIQUES ET COSTUMES DE ROGER CHASTEL
MUSIQUE DE MAURICE JAUBERT
RÉGIE DE JEAN VILAR
PREMIÈRE REPRÉSENTATION AU XVIIᵉ FESTIVAL D'AVIGNON-JUILLET 1962
A CHAILLOT LE 1ᵉʳ MARS 1963
© J.-P. GIRAUDOUX, 1971

LA GUERRE DE TROIE N'AURA PAS LIEU

	T.N.P. 1963 [1]	Théâtre de la Ville 1971 [2]
Andromaque	MARIA MAUBAN	FRANCINE BERGE
Hélène	CHRISTIANE MINAZZOLLI	ANNIE DUPEREY
Hécube	ALINE BERTRAND	LOUISE CONTE
Cassandre	JUDITH MAGRE	ANNE DOAT
La Paix	DOMINIQUE VILAR	JANDELINE
Iris	NOELLE VINCENT	ISA MERCURE
La petite Polyxène	CLAUDINE MAUGEY	CHRISTIANE SELLAM ou VANINA VINITZKY
Hector	PIERRE VANECK	JOSE-MARIA FLOTATS
Ulysse	JEAN VILAR	MICHEL DE RE
Demokos	PASCAL MAZZOTTI	MAURICE CHEVIT
Priam	JEAN-FRANÇOIS REMY	ANDRE VALTIER
Pâris	ROBERT ETCHEVERRY	DOMINIQUE MAURIN
Oiax	MARIO PILAR	MARCO-PERRIN
Le Gabier	GEORGES GERET	LAFLEUR
Le Géomètre	PHILIPPE AVRON	BERNARD VERON
Abnéos	LUCIEN ARNAUD	ANGELO BARDI
Troïlus	MICHEL GONZALES	PHILIPPE NORMAND
Olpidès	MAURICE COUSSONNEAU	COUSSONNEAU
Busiris	GEORGES RIQUIER	JEAN MERCURE
Premier Vieillard	JEAN MONDAIN	JEAN-MARIE BON
Deuxième Vieillard	LUCIEN ARNAUD	EUGENE BERTHIER
Messagers	Bernard Laïk, Jean-Pierre Maurin	Jean-Claude Islert. Michel Sausin
Servantes troyennes	Christiane Oscar, Noëlle Vincent	Dominique Jayr, Annie Seurat, Hélène Augier.
Notables	Jean Daniel Ehrmann, Bernard Wawer, Bernard Klein	
Gardes grecs	Jean Dufau, Alain Deny, Jean-Jacques Leconte, Richard Rein.	Jacques Gaffuri, Georges Joannon
Suivant de Busiris		Charles Capezzali
Un marin		Henry Courseaux

1. A la création au Festival d'Avignon en juillet 1962, la distribution était légèrement différente ; dans l'ordre ci-dessus : Hécube (Annie Monnier) ; Iris (Paule Noël) ; Hector (Daniel Ivernel) ; Pâris (Jean-Louis Trintignant) ; Troïlus (Bernard Laïk).

2. La pièce a été reprise au Théâtre de la Ville le 22 janvier 1971 dans une nouvelle mise en scène de Jean Mercure, musique de Marc Wilkinson, scénographie et costumes Yannis Kokkos. Elle a été ensuite donnée à partir du 12 juillet dans le cadre du 25ᵉ Festival d'Avignon, et continuera sa carrière au Théâtre de la Ville à partir du 5 novembre 1971 (avec quelques modifications de distribution).

A la Comédie-Française (1988)

LA GUERRE DE TROIE N'AURA PAS LIEU

Pièce en deux actes de Jean GIRAUDOUX
Mise en scène et lumières : Raymond GÉRÔME
Assistante à la mise en scène : Brigitte HACQUIN
Décor et costumes : Jean LAMOUROUX

Geneviève CASILE : *Cassandre*
Françoise SEIGNER : *Hécube*
Simon EINE : *Ulysse*
Bérengère DAUTUN : *Iris*
François BEAULIEU : *Hector*
Nicolas SILBERG : *Oiax*
Yves GASC : *Demokos*
Guy MICHEL *Busiris*
Jean-François RÉMI : *Priam*
Louis ARBESSIER : *Abnéos*
Thierry HANCISSE : *le Gabier*
Martine CHEVALLIER : *Andromaque*
Claude LOCHY : *Olpidès*
Georges MONTILLIER : *le Géomètre*
Cyrielle CLAIRE : *Hélène*
Véronique VELLA : *la Paix*
Bruno SHAAR : *Pâris*
et
Patrick COURTOIS : *Troïlus*
Ophélie GELBER ou Magalie LESCURE :
Polyxène (en alternance)

BIBLIOGRAPHIE

Le texte a été établi d'après l'édition originale Grasset, 1935.

Pour une étude plus approfondie, il est indispensable de se reporter à l'édition de la Pléiade, dirigée par Jacques Body : Jean Giraudoux, *Théâtre complet*, Gallimard, 1982, 2ᵉ édition corrigée, 1987. L'appareil critique a été fait par Jacques Body en collaboration avec Gunnar Graumann et Marthe Besson-Herlin.

Sur l'ensemble de l'œuvre de Jean Giraudoux, on pourra consulter :

ALBERÈS, René Marill, *Esthétique et Morale chez Jean Giraudoux*, éd. Nizet, 1957, 570 p.

BODY, Jacques, *Jean Giraudoux et l'Allemagne*, éd. Didier, 1975, 522 p. Cette thèse d'État est loin de porter uniquement sur l'Allemagne. Pour *La guerre de Troie n'aura pas lieu*, voir par exemple les pages 359 à 372 et 427 à 429.

MAURON, Charles, *Le Théâtre de Giraudoux*, étude psychocritique, éd. José Corti, 1971, 274 p.

ROBICHEZ, Jacques, *Le Théâtre de Giraudoux*, S.E.D.E.S., Paris, 1976, 290 p.

Sur *La guerre de Troie n'aura pas lieu*, on peut lire :

GRAUMANN, Gunnar, « *La Guerre de Troie* » *aura lieu. — La préparation de la pièce de Giraudoux*, Lund, C.W.K. Gleerup, 1979, 174 p. Thèse (disponible auprès de l'« Association des Amis de Jean Giraudoux »), qui contient une énorme documentation.

BODY, Jacques, *Sur des sources grecques et françaises de « La guerre de Troie n'aura pas lieu »*, Humanisme contemporain, n° 3, Les Belles Lettres, 1968.

RAIMOND, Michel, *Sur trois pièces de Jean Girau-doux*, Nizet, 1982.

Le programme des classes préparatoires scientifi-ques ayant porté pour les concours de 1990 sur « Un thème, l'Histoire, vu à travers trois œuvres littéraires : *Esquisse d'un tableau historique des progrès de l'esprit humain* de Condorcet, *L'Éducation sentimentale* de Flaubert et *La guerre de Troie n'aura pas lieu* de Jean Giraudoux », trois ouvrages ont été édités en 1989 pour les étudiants :

Analyses et réflexions sur Giraudoux : « La guerre de Troie n'aura pas lieu ». *L'Histoire,* ouvrage collectif de P. d'Almeida, J.-P. Bigel, S. Branglidor, A. Duneau, D. Giovacchini, A. Job, J. Labesse, C. Perrin, M. Potet, G. Teissier, G. Vannier, coll. Ellipses, éd. Marketing, 1989, 123 p.

DE BIASI, P.M., BODY, J., HINCKER, F., *Un thème, trois œuvres. L'Histoire,* collection D.I.A., Belin, 1989, 255 p. (sur *La guerre de Troie n'aura pas lieu*, étude par J. BODY, pp. 125-163 ; textes « A propos de *La guerre de Troie n'aura pas lieu* », pp. 221-249).

TOMADAKIS, A., et DUCHÊNE, H., *Grandes Écoles scientifiques — L'épreuve littéraire, concours 1990-1991. L'Histoire,* Bréal, 1989, 192 p. (sur *La guerre de Troie n'aura pas lieu,* pp. 125-190).

Enfin, l'« Association des Amis de Jean Girau-doux », 1 *bis*, rue Louis-Jouvet, 87300 Bellac, édite chaque année un volume de *Cahiers Jean Giraudoux* chez Grasset.

On trouvera, par exemple, dans le *Cahier n° 7* (1978) une étude de Gunnar Graumann sur « Les allusions politiques dans *La guerre de Troie n'aura pas lieu* ». Le *Cahier n° 9* (1980) est consacré à la corres-pondance entre Jean Giraudoux et Louis Jouvet. Le *Cahier n° 10* (1981) contient la lettre de Jean Girau-doux à un professeur, Mme Prévost, à propos de *La guerre de Troie n'aura pas lieu* et une étude de Jacqueline Jomaron : « *La guerre de Troie n'aura pas lieu* : le texte et le temps ». Le *Cahier n° 17* (1988) reproduit la thèse de P. d'Almeida : « L'image de la littérature dans l'œuvre de Jean Giraudoux » : on y trouvera l'analyse des réécritures giralduciennes de l'*Odyssée* et de l'*Iliade*. Dans le *Cahier n° 19* (1990) figurent les enquêtes et interviews de l'époque de *La guerre de Troie n'aura pas lieu*.

Discographie

Visages de Giraudoux. L'Encyclopédie sonore, Librairie Hachette (disque 33 tours), textes réunis et présentés par Christian Murciaux et André Stegmann, enregistrés par Edwige Feuillère, Simone Valère, Jean Debucourt, Jean Desailly, Jean Deschamps, Louis Jouvet et Pierre Renoir.

Louis Jouvet, Hommage discographique, Grand Prix de l'Académie Charles Cros, disques Adès, en collaboration avec le service phonographique de la R.T.F. (2 disques 33 tours, 30 cm).

Louis Jouvet joue Giraudoux, extraits de *La guerre de Troie n'aura pas lieu*, *Ondine*, *Intermezzo*, disques Adès (33 tours, 30 cm).

Louis Jouvet, Grands moments de l'Athénée, disques Adès (2 versions : cassette et disque compact).

Théâtre National Populaire (T.N.P.), *La guerre de Troie n'aura pas lieu*, extraits, par Maria Mauban, Christiane Minazzolli, Claudine Maugey, Pierre Vaneck, Jean Vilar, Pascal Mazzotti, Jean-François Rémi, disque Adès (33 tours, 25 cm).

Table

ŒUVRES DE JEAN GIRAUDOUX

PROVINCIALES.
LA MENTEUSE.
LES CONTES D'UN MATIN.
PLEINS POUVOIRS.
SANS POUVOIRS.
L'ÉCOLE DES INDIFFÉRENTS.
SIMON LE PATHÉTIQUE, roman.
SIEGFRIED ET LE LIMOUSIN, roman.
BELLA, roman. ÉGLANTINE, roman.
COMBAT AVEC L'ANGE, roman.
LA FRANCE SENTIMENTALE.
SUZANNE ET LE PACIFIQUE, roman.
JULIETTE AU PAYS DES HOMMES.
LECTURES POUR UNE OMBRE.
AMICA AMERICA. ADORABLE CLIO. ELPÉNOR.
AVENTURES DE JÉRÔME BARDINI, roman.
TEXTES CHOISIS, réunis et présentés par René Lalou.
LES CINQ TENTATIONS DE LA FONTAINE.
CHOIX DES ÉLUES, roman.
LITTÉRATURE. VISITATIONS. LE SPORT.
SOUVENIR DE DEUX EXISTENCES.

Théâtre :

LA GUERRE DE TROIE N'AURA PAS LIEU, pièce en 2 actes.
ÉLECTRE, pièce en 2 actes.
SIEGFRIED, pièce en 4 actes.
AMPHITRYON 38, pièce en 3 actes.
INTERMEZZO, pièce en 3 actes.
JUDITH, pièce en 3 actes.
SUPPLÉMENT AU VOYAGE DE COOK, pièce en 1 acte.
TESSA, pièce en 3 actes et 6 tableaux,
adaptation de *La Nymphe au cœur fidèle*.
L'IMPROMPTU DE PARIS, pièce en 1 acte.
ONDINE, pièce en 3 actes.
SODOME ET GOMORRHE, pièce en 2 actes.
LA FOLLE DE CHAILLOT, pièce en 2 actes.
L'APOLLON DE BELLAC, pièce en 1 acte.
POUR LUCRÈCE, pièce en 3 actes.
FIN DE SIEGFRIED, acte inédit.
CANTIQUE DES CANTIQUES, pièce en 1 acte.
LES GRACQUES (pièce inachevée).

Cinéma :

LA DUCHESSE DE LANGEAIS.
LE FILM DE BÉTHANIE.

Le Théâtre
Dans Le Livre de Poche

Extrait du catalogue

BEAUMARCHAIS
Le Barbier de Séville
Le Mariage de Figaro

CORNEILLE
Le Cid
Horace
Cinna
L'Illusion comique
Suréna

DUMAS *Alexandre (fils)*
La Dame aux camélias

FEYDEAU *Georges*
Le Dindon

GIRAUDOUX *Jean*
La guerre de Troie n'aura
    pas lieu
Electre
Intermezzo
Ondine
Amphitryon 38
La Folle de Chaillot
Théâtre complet
    (La Pochothèque)

HUGO *Victor*
Hernani
Ruy Blas

IBSEN *Henrik*
Une maison de poupée

JARRY *Alfred*
Tout Ubu

LABICHE *Eugène*
Le Voyage de M. Perrichon
Un chapeau de paille d'Italie

MAETERLINCK *Maurice*
Pelléas et Mélisande

MARIVAUX
Le Jeu de l'amour et du
    hasard
La Double Inconstance
    suivi de Arlequin poli par
    l'amour
La Surprise de l'amour
    suivi de La Seconde
    Surprise de l'amour
L'École des mères *suivi de*
    La Mère confidente

MOLIÈRE
Le Tartuffe
Le Bourgeois gentilhomme
Dom Juan
Le Misanthrope
Le Malade imaginaire
L'Avare
L'École des femmes
Les Femmes savantes
Les Fourberies de Scapin
Le Médecin malgré lui
George Dandin *suivi de*
    La Jalousie du Barbouillé
Amphitryon

Composition réalisée par JOUVE

IMPRIMÉ EN FRANCE PAR BRODARD ET TAUPIN
Usine de La Flèche (Sarthe).
LIBRAIRIE GÉNÉRALE FRANÇAISE - 43, quai de Grenelle - 75015 Paris.
ISBN : 2 - 253 - 00489 - 8

28150
896